알콩달콩 소요리문답 가정예배

알콩달콩 소요리문답 가정예배

1쇄찍은날	2020년 12월 28일
2쇄찍은날	2023년 4월 18일
지 은 이	이주연
일 러 스 트	배지은
펴 낸 이	장상태
펴 낸 곳	디다스코
	서울시 서초구 서초동 1355-3 서초월드오피스텔 1605호
전 화	02-6415-6800
팩 스	02-523-0640
이 메 일	is6800@naver.com
등 록	2007년 4월 19일
신 고 번 호	제2007-000076호
유 통	기독교출판유통 031-906-9191

ISBN 979-11-89397-06-7

값은 표지에 있습니다.

알콩달콩
소요리문답 가정예배

유아(3-7세)와 함께 하는 웨스트민스터 소요리문답 가정예배

이주연 지음

디다스코

형제와 자매가 하나님 안에서 '믿음의 가정'을 꿈꾸며 기도합니다. 그러다가 하나님의 인도함을 받으며 지금의 배우자를 만납니다. 하나님이 이 가정에 '아기'라는 귀한 생명을 선물로 주십니다. 하나님의 자녀로 잘 키우라고 맡겨 주십니다. 부부는 임신 사실을 알고 너무나 기뻐합니다. 기도하며 태교를 합니다. 말씀을 읽기도 하고 쓰기도 하면서 생명의 신비에 경의를 표합니다. 이 아기가 말씀과 함께 자라가길 꿈꾸어 봅니다.

상상 못 할 고통 가운데 출산을 경험하며 하와의 원죄를 살짝 원망해 봅니다. 하지만, 눈에 넣어도 안 아플 것 같은 아기의 모습을 보며 고통은 이내 사라집니다. 아기가 살짝 낯설기도 하지만 몇 달 동안 같이 지냈기에 친근함이 더합니다. 아기를 키우는 것은 아기를 배 속에 품고 있을 때보다 훨씬 힘이 듭니다. 잠도 못 자고 수시로 깨야 하며 '나'를 위해 하던 일들과는 이제 작별인사를 해야 합니다. 갑작스러운 생활의 변화로 감정적으로도 온전하진 않습니다. 그런 가운데 아빠, 엄마가 되어 갑니다.

'다들 이렇게 힘들게 아기를 키우나 보다' 하는 생각으로 어떻게든 맡겨 주신 '아기'를 축복하며 기도와 말씀으로 잘 키우려고 합니다. 유아세례는 꼭 주어야 한다는 일념으로 유아세례를 받게 합니다. 그러고 나면 나의 할 일은 다 한 것 같은 기분이 듭니다. 점점 커 가는 아이가 버거워집니다. 아이의 중심을 어떻게 잡아 주어야 하나 고민이 됩니다. 길잡이가 필요함을 절실히 느낍니다.

위의 이야기는 다른 사람이 아닌 바로 저의 이야기입니다. 시행착오를 수없이 되풀이한 끝에, 가정예배 가운데 아이들의 찬양 소리를 들을 수 있게 되었습니다. 미숙한 부모이기에 아이들에게 미안한 순간들이 있었지만, 가정예배 가운데 아이들에게 용서를 구하고 사랑받을 수 있어서 행복합니다. 아이들의 입술로 기도제목을 듣고, 서로를 위해 같이 기도할 수 있어서 행복합니다. 우리 가정을 하나님이 많이 사랑해 주시고 이끌고 계심을 고백하지 않을 수 없습니다.

우리 가족 모두 한마음으로 고백합니다.

"하나님, 사랑합니다."

"오늘 내가 네게 명하는 이 말씀을 너는 마음에 새기고 네 자녀에게 부지런히 가르치며." (신 6:6-7)

20년 동안 미취학 사역을 하면서 많은 아이를 말씀으로 가르쳤습니다. 주중에 제자반을 맡아 암송 훈련, 소모임 예배를 인도하며 가르치기도 하였습니다. 하지만 이런 교회의 가르침은 일주일 168시간 중 많아야 5시간에 불과했습니다. 나머지 163시간 동안 아이들이 어떻게 지내는지는 알 수 없었습니다. 그렇기 때문에 신앙교육의 주체는 교회와 함께 아이의 168시간을 운영하는 가정이 되어야 한다고 생각했습니다.

신앙교육 가운데 가장 중요한 뼈대를 만드는 것이 '소요리문답' 교육입니다. 성경 말씀을 자의적으로 해석하고 원하는 대로 보기 때문에 이단들이 끊임없이 나타납니다. 한쪽으로 치우친 신앙생활을 하게 됩니다. 하지만 바른 '소요리문답' 교육은 중심 잡힌 균형 있는 신앙인으로 자라도록 이끌어 줄 것입니다.

유익은 그뿐만이 아닙니다. 유아기의 언어는 다양합니다. 동작, 그림, 말, 눈빛 등의 언어로 소통하며 생각 주머니를 넓혀 갑니다. 또한 교리교육을 통해 질문하고 답하며 논리와 이해력을 넓혀 갑니다. "하나님은 누구예요? 어떻게 우리가 알 수 있어요? 죄는 뭐예요?" 아이들이 자라가며 하는 질문에 부모가 바른 답을 할 수 있을 것입니다.

'소요리문답' 교육은 마치 집을 지을 때 주춧돌을 놓는 것과 같습니다. 유아기의 어린이들이 부모와 함께 예배드리며 이 주춧돌을 잘 놓아 그들의 평생에 균형 잡힌 믿음을 지키며 하나님께 영광을 돌리는 어린이들로 자라가길 바랍니다.

사도신경은 우리가 잘 알고 있는 대표적인 교리입니다. 2,000년의 역사를 가진 사도신경에 뿌리를 두고 교회가 오랜 시간 체계화하고 최종 정리한 교리가 웨스트민스터 신앙고백서입니다. 이것을 교육용으로 만든 것이 웨스트민스터 소요리문답입니다. 이 소요리문답은 개신교 400여 년의 역사에서 아이들을 위한 신앙교육의 표준으로 이어져 왔습니다.

이 책은 웨스트민스터 신앙고백서 교리를 중심으로 가정예배를 드릴 수 있게 구성되었습니다. 모두 107개의 문답으로 구성되어 있습니다. 성경을 더욱 잘 이해할 수 있는 흔들리지 않는 주춧돌을 놓는 시간이 될 것입니다.

책 사용법

자녀에게 우리 가정이 가정예배를 드리는 이유를 설명합니다. 가족 모두 모여서 이야기하면 더욱 좋습니다. 예를 들면, "우리 가정은 앞으로 함께 모여서 가정예배를 드릴 거야. 우리 가정의 주인은 하나님이야. 우리가 하나님께 예배해야 하는 이유는 하나님이 우리 가정을 만들어 주셨기 때문이야."

가정예배를 드리는 이유가 설명되었다면, 시간과 장소를 함께 의논하거나 부모가 제시해 줍니다. "앞으로 토요일 저녁 8시에 거실에서 가정예배를 드릴 거야. 아빠와 엄마가 예배드리자고 말하면 하던 일을 멈추고 함께 예배하자."

또한 가정예배를 드릴 때 장난치지 않고 바른 자세로 참여하도록 가르칩니다. 인도하는 부모님에게 집중하도록 미리 교육을 시키고 가정예배에 임하도록 합니다. 미리 잘 준비하면 유아기 자녀들은 기대감을 갖고 가정예배에 참여합니다.

0. 준비하기

유아들은 집중해서 하던 일을 멈추는 것을 힘들어합니다. 예배하기 2시간 전부터 세 번에서 네 번 정도 반복해서 가정예배 시간을 말해 주면서, 마음의 준비를 하도록 가르칩니다. 예를 들면, "2시간 뒤에 예배한다." 1시간이 지나고 나서 "1시간 뒤에 예배한다." 1시간 전부터 가족도 함께 마음의 준비를 하도록, 다른 가족에게도 하던 일을 멈출 수 있는 시간을 줍니다. 예배하기 20분 전에는 놀이를 중단할 수 있도록 안내합니다. 아빠는 말씀을 준비하고, 엄마는 미리 성경책 놓을 상을 준비합니다. 놀던 일을 정리할 수 있는 시간을 충분히 주면, 가정예배 시간에 집중할 수 있습니다.

가장 중요한 것은, 가정예배 전에 잔소리를 하거나, 예배를 인도하면서 가족의 잘못에 훈계를 늘어놓지 말아야 한다는 것입니다. 가정예배의 목적에 혼란을 줄 수 있으니, 최대한 부드럽게 인도하셔서 자리에 앉히고, 인도 중에도 본문에 기록된 내용 외에 훈육은 하지 않기를 당부합니다. 훈육은 가정예배 시간이 끝나고 다른 시간이나 다른 공간에서 해주시기를 당부합니다. 가정예배가 훈계의 시간이 될 때, 아이들이 참여하기를 거부하게 됩니다.

1. 마음열기

마음열기는 간단한 활동이나 퀴즈로 구성되어 있습니다. 하트 표시는 자녀 이름을 넣어 읽는 부분입니다. 예배 인도자인 부모가 내용을 미리 숙지하고 인도해야 마음열기 시간을 짧게 가질 수 있습니다. 활동을 도와주시고 퀴즈는 되도록 힌트를 충분히 주어 자녀가 맞출 수 있도록 유도하여 주십시오. 그리고 칭찬을 많이 해주십시오.

2. 기도

기도하는 자세에 대해 먼저 일러 주시면 좋습니다. "기도는 두 손을 이렇게 모으고 눈을 감고 하는 거야. 자, 아빠를 따라서 함께 두 손을 모으고 눈을 감아 볼까?" 이렇게 말하면서 부모가 먼저 모범을 보여 주시면 좋습니다. 예배에 마음을 모을 수 있도록 기도문을 따라 읽습니다. 감사한 기도제목을 짧게 추가하셔도 좋습니다.

3. 찬송

부모님에게 익숙한 찬송가로 구성되었습니다. 유아들도 익숙하게 듣던 찬송이라면 같이 따라 부르도록 인도해 주십시오. 글을 아는 유아들은 악보와 가사를 보며 같이 참여하도록 이끌어 주십시오. 찬송가를 처음 들어보는 유아들에게는 배움에 기회가 되도록 부모님이 자신 있게 찬양해 주십시오.

4. 본문

내용 중에 하트 표시는 자녀 이름을 넣어서 읽어 주시면 됩니다. 본문 내용은 진한 글씨와 색깔이 들어간 제목처럼 보이는 부분도 모두 부모가 읽어 줍니다. 부모님이 유아에게 읽어 주도록 쉽게 구성되었습니다. 아이의 눈높이에서 또박또박 읽어 주십시오. 읽을 때는 표정과 목소리에 감정을 넣어 더욱 잘 집중할 수 있도록 합니다. 중간에 "함께 따라해 볼까요?" 부분을 읽을 때는 끊어 읽는 부분에서 끊어 읽어, 유아가 따라 읽을 수 있도록 이끌어 주십시오.

5. 소요리문답

'문' 부분은 아빠가, '답' 부분은 엄마가 읽어 주십시오. 한 분이 인도한다면 문답 전체를 읽어 주십시오. 전체 말씀에 대한 요약이니 건너뛰지 말고 꼭 읽어 유아들이 정리할 수 있도록 도와주십시오.

6. 마침기도

처음 가정예배를 시작할 때는 마침기도를 부모님이 그대로 읽으며 예배를 짧게 마치시길 권고드립니다. 그러다가 가정예배가 몸에 밴 듯 자연스러워질 때 자녀들에게도 기도제목을 물어보고, 엄마, 아빠의 기도제목도 나누어 마침기도 시간이 더욱 풍성해지도록 인도해 주십시오. 유아들은 이 시간을 가장 좋아하고 적극적으로 기도하고자 하는 모습을 보입니다. 기도를 기쁘게 배우는 밑거름이 될 것입니다. 모든 가정예배를 축복합니다.

chapter 1

하나님은 왜
사람을 만드셨을까요?

- **마음열기** ♡♡는 가정예배를 시작하며 어떤 마음이 드나요?

- **기도** 하나님이 우리를 왜 만드셨는지 깨닫고, 만드신 목적에 순종하며 살 수 있게 도와주세요.

- **찬송** 찬송가 8장

- **말씀** 이 백성은 내가 나를 위하여 지었나니 나를 찬송하게 하려 함이니라 사 43:21

부릉부릉~ 자동차는 왜 만들어졌을까요?
뿌우뿌우~ 배는 왜 만들어졌을까요?
여보세요~ 전화기는 왜 만들어졌을까요?

그럼 하나님은 우리와 같은 사람을 왜 만드셨을까요?
그건 바로, 하나님의 영광을 위해서예요. 영광!

함께 따라해 볼까요?

"우리는 / 하나님의 영광을 위해서 / 지어졌습니다."

♡♡야~
엄마, 아빠가 ♡♡를 얼마나 사랑하는지 알지요?
하나님이 엄마, 아빠에게 주신 ♡♡를 엄마, 아빠는 너무나 사랑해요.
그래서 냠냠 먹을 때도, 야호 놀 때도, 코 잘 때도 함께하고 싶고,
가~장 좋은 것을 주고, 가~장 좋은 길로 이끌고 싶어요.

♡♡가 "엄마, 아빠 사랑해요."라고 말하면 엄~~청 큰 기쁨을 느끼지요.

하나님도 똑같아요.
하나님은 우리를 만들고 너무너무 사랑하셨어요.
냠냠 먹을 때에도, 야호 놀 때도, 코 잘 때도 우리와 늘 함께하세요.
가~장 좋은 것을 주시고, 가~장 좋은 길로 이끌어 주세요.
우리가 "하나님, 사랑해요."라고 말하면 하나님은 엄~~청 큰 기쁨을 느끼시지요.

어떤 상황과 환경에서도
"하나님, 사랑해요."
"하나님, 감사해요."
"하나님, 찬양해요."
라고 고백하는 것이 하나님께 영광을 올려드리는 것이에요.

다시 한 번 따라해 볼까요?

"우리는 / 하나님의 영광을 위해서 / 지어졌습니다."

소요리문답

1문: 하나님은 사람을 왜 만들었을까요?
 답: 하나님께 영광을 돌리기 위해서입니다.

마침기도

우리를 하나님께 영광 돌리기 위해 만들어 주셔서 감사합니다. 일어날 때도, 잠잘 때도, 밥 먹을 때도, 친구들과 놀 때도 하나님께 영광 돌리는 ♡♡와 우리 가족이 되게 해주세요.

chapter 2

하나님은 왜
성경책을 만드셨을까요?

◡ **마음열기** ♡♡가 가장 좋아하는 책은 무엇인가요? 그 책이 왜 좋은가요?

◡ **기도** 우리를 사랑하셔서 만들어 주신 성경책을 통하여 하나님 더욱 많이 알게 해주세요.

◡ **찬송** 찬송가 10장

◡ **말씀** 모든 성경은 하나님의 감동으로 된 것으로 교훈과 책망과 바르게 함과 의로 교육하기에 유익하니 이는 하나님의 사람으로 온전케 하며 모든 선한 일을 행하기에 온전케 하려 함이니라 딤후 3:16-17

♡♡는 어떨 때 엄마, 아빠의 사랑을 느끼나요?
"사랑해." 하며 꼬옥 안아 줄 때,
♡♡가 갖고 싶어 하던 물건을 사줄 때,
맛있는 음식을 만들어 줄 때,
또 전화나 편지로 엄마, 아빠의 마음을 느낄 수도 있을 거예요.

성경책은 하나님의 사랑을 전하는 하나님의 편지예요.
하나님은 엄청 크시고, 우리는 하나님에 비해 엄청 조그맣기 때문에
성경책을 통해서만 하나님이 누구신지 제대로 알 수 있고,
성경책을 통해서만 하나님이 우리를 얼마나 크게 사랑하시는지 알 수 있어요.

함께 따라해 볼까요?

"오직 성경책만이 / 하나님이 누구인지 / 알려 주십니다."

성경책은 1,500여 년간 성령에 감동된 40명의 사람들을 통해 기록한
하나님이 만드신 책이에요.
하나님이 우리에게 성경책을 주신 이유는
하나님이 어떤 분이신지 알려 주기 위함이에요.

하나님이 세상을 어떻게 만드셨는지,
하나님은 어떤 것을 좋아하시는지,
하나님이 우리를 얼마나 사랑하시는지,
우리는 우리가 알지 못했던 하나님과 세상을
성경책을 보면서 무궁무진하게 알 수 있어요.

매일매일 성경책을 통해 하나님을 알아 가며 사랑하는 우리 가정이 되어요.

다시 한 번 따라해 볼까요?

"오직 성경책만이 / 하나님이 누구인지 / 알려 주십니다."

소요리문답

2문: 하나님께 영광 돌리는 법은 어디에 나와 있나요?

답: 오직 성경책만이 하나님에 대해서 알려 줍니다.

마침기도

우리에게 하나님을 알 수 있는 귀한 보물, 성경책을 선물로 주셔서 감사합니다. 성경책을 통해 하나님을 잘 알고 하나님께 영광 돌리는 우리 가정이 되게 해주세요.

chapter 3

성경은
어떤 내용인가요?

﹀ **마음열기** ♡♡는 키우고 싶은 동물이 있나요? 그 동물을 왜 키우고 싶은가요?

﹀ **기도** 성경책에 어떤 내용이 있는지 궁금해요. 성경책을 읽으며 살아 있는 하나님을 만나도록 인도해 주세요.

﹀ **찬송** 찬송가 15장

﹀ **말씀** 이스라엘아 네 하나님 여호와께서 네게 요구하시는 것이 무엇이냐? 곧 네 하나님 여호와를 경외하여 그 모든 도를 행하고 그를 사랑하며 마음을 다하고 성품을 다하여 네 하나님 여호와를 섬기고 신 10:12-13

어~흥 호랑이에 대한 책을 읽으면 호랑이를 알 수 있어요.
샤~크 상어에 대한 책을 읽으면 상어를 알 수 있어요.
맴~맴 매미에 대한 책을 읽으면 매미를 알 수 있어요.

야~호 성경책을 읽으면 하나님에 대해 알 수 있어요.

함께 따라해 볼까요?

"성경책은 / 하나님에 대한 바른 믿음과 /
우리가 어떻게 살아야 하는지를 / 가르쳐 주어요."

성경책을 읽으면 우리는 하나님이 어떤 분인지 알 수 있어요.
하나님이 얼마나 크신지,
하나님이 얼마나 선하신지,
하나님이 얼마나 인자하신지,
하나님이 얼마나 ♡♡를 끔찍이 사랑하시는지 말예요.

또 성경책을 읽으면 우리가 어떻게 살아야 하는지 알 수 있어요.
어떻게 믿음으로 한 발자국 내딛는지,
어떻게 소망으로 기다리는지,
어떻게 언제까지 용서하는지,
어떻게 하나님이 주신 것들을 사용하는지,
어떻게 사랑하는 하나님께 예배하는지 말이지요.

내 맘대로 내 생각대로 하나님을 믿지 않고
성경대로 하나님을 믿고 따라가는 법을 알 수 있어요.

다시 한 번 따라해 볼까요?
"성경책은 / 하나님에 대한 바른 믿음과 /
우리가 어떻게 살아야 하는지를 / 가르쳐 주어요."

소요리문답

3문: 성경은 무엇을 중요하게 가르칩니까?
  답: 성경은 하나님에 대한 바른 믿음과 우리가 어떻게 살아야 하는지를 가르쳐 줍
    니다.

마침기도
성경에 나온 하나님을 잘 알고 바르게 믿게 해주세요. ♡♡와 우리 가족이 어
떻게 살아가야 할지 한 발자국 한 발자국 알려 주세요.

chapter 4

하나님은
어떤 분인가요?

- **마음열기** 넌센스 퀴즈: 하나이면서 영이신 분은 누구신가요? (답: 하나님)

- **기도** 하나님 아버지, 우리 눈에 보이지 않으시지만 늘 우리와 함께하신다는 사실을
  믿을 수 있도록 도와주세요.

- **찬송** 찬송가 21장

- **말씀** 하나님은 영이시니 예배하는 자가 신령과 진정으로 예배할지니라 요 4:24

눈에 보이지 않은데 분명히 있는 것이 있어요.
공기도 눈에 보이지 않지만, 우리가 숨 쉴 수 있는 것은 공기가 있기 때문이에요.
소리도 눈에 보이지 않지만, 우리는 귀로 소리를 분명히 들을 수 있어요.
눈에 보이지 않지만, 분명히 계시는 분은 바로 하나님이에요.

하나님은 어떤 분이실까요?
하늘 구름 위에서 하얀 수염을 길게 늘어뜨린 채
지팡이를 짚고 왕관을 쓰고 우리를 노려보는 분이실까요?
절대, 절대, 절대로 아니에요.

성경에서 하나님은 눈에 보이지 않는 영이라고 말씀하세요.
성경에서 하나님은 끝이 없고 변함이 없으신 분이라고 말씀하세요.
성경에서 하나님은 우리를 사랑하시는 은혜로운 분이라고 말씀하세요.

함께 따라해 볼까요?

"하나님은 영이신데 / 끝이 없고 변함이 없으신 / 은혜로운 분이세요."

이렇게 좋으신 하나님이 왜 눈에 보이지 않을까요?
만약 눈에 보인다면, 하나님을 눈으로 보기 위해 엄청 오랫동안 기다려야 될 거예요.
다행히 하나님이 영이셔서 모든 사람을 만나시고 모든 곳에 계실 수 있어요.

좋으신 하나님은 우리와 늘 함께하세요.
♡♡가 엄마 배 속에 있을 때
♡♡는 엄마를 볼 수 없었지만,
엄마는 언제 어디서나 ♡♡와 함께했고, ♡♡를 사랑했어요.

하나님도 마찬가지예요.
우리는 하나님을 볼 수 없지만,
하나님은 언제 어디서나 우리와 함께하고, 우리를 사랑하고 계세요.

다시 한 번 따라해 볼까요?

"하나님은 영이신데 / 끝이 없고 변함이 없으신 / 은혜로운 분이세요."

> **소요리문답**
>
> 4문: 하나님께서는 어떤 분이십니까?
> 답: 하나님께서는 영이신데, 끝이 없고 변함이 없으신 은혜로운 분이세요.
>
> **마침기도**
> 우리와 영으로 늘 함께해 주셔서 감사드려요. 어디에 있든지, 무엇을 하든지, 크신 하나님께서 함께해 주실 것을 믿어요. 하나님, 찬양합니다.

chapter 5

하나님 외에
다른 신이 있나요?

⌣ **마음열기** 종이배를 접어 보아요.

⌣ **기도** 온 세상을 만드신 하나뿐인 하나님을 아버지라고 부를 수 있게 해주셔서 감사합니다.

⌣ **찬송** 찬송가 28장

⌣ **말씀** 이스라엘아 들으라 우리 하나님 여호와는 오직 유일한 여호와이시니 신 6:4

우리는 종이로 배를 접을 수 있지만, 그건 진짜 배가 아니에요.
우리는 종이로 공룡을 접을 수 있지만, 그건 진짜 공룡이 아니에요.
우리는 종이로 로켓을 접을 수 있지만, 그건 진짜 로켓이 아니에요.

세상에는 많은 종교와 신들이 있지만, 그건 진짜 하나님이 아니에요.
그럼, 누가 진짜 하나님일까요?

진짜 하나님이 자신을 드러내 보여 주시고 알려 주셔야 우리가 알 수 있어요.
그런데, 우리 하나님은 스스로를 진짜 하나님이라고 드러내 보여 주시고 알려 주셨어요.
이것을 계시라고 해요.

함께 따라해 볼까요?

"우리 하나님은 / 자신을 계시하신 / 진짜 하나님이십니다."

하나님은 성경을 통해 자신이 진짜 하나님이심을 알려 주셨어요.
성경책은 하나님이 누가 만든 신이 아니라 스스로 있는 자라고 말씀하세요.
성경책은 하나님이 다른 모든 것들이 있기 전에 계셨다고 말씀하세요.
성경책은 하나님이 영원 전부터 계시고 영원히 계실 분이라고 말씀하세요.

우리를 사랑하시고 은혜로우신 하나님이
유일한 진짜 하나님이시라는 사실은 정말 축복이에요.
이 사실을 성경을 통해 우리에게 알려 주신 하나님의 놀라운 은혜에 감사드려요.

다시 한 번 따라해 볼까요?

"우리 하나님은 / 자신을 계시하신 / 진짜 하나님이십니다."

소요리문답

5문: 하나님 한 분 외에 다른 신들이 있습니까?
 답: 하나님 한 분만이 살아 계신 진짜 하나님이십니다.

마침기도

진짜 하나님, 온 세상을 만드신 하나님, 사랑이 많으시고 은혜로우신 하나님
이 우리 아버지 되심에 감사드립니다. ♡♡와 우리 가정이 하나님만 믿고 예
배하게 해주셔서 감사합니다.

chapter 6

하나님을 왜
삼위일체라고 하나요?

◡ **마음열기** 하나님으로 삼행시를 지어 보세요.

◡ **기도** 삼위일체라는 말이 어려워요. 어렵지만, 성령님 안에서 잘 이해하고 깨달아 알게 인도해 주세요.

◡ **찬송** 찬송가 35장

◡ **말씀** 예수께서 세례를 받으시고 곧 물에서 올라오실새 하늘이 열리고 하나님의 성령이 비둘기같이 내려 자기 위에 임하심을 보시더니 하늘로서 소리가 있어 말씀하시되 이는 내 사랑하는 아들이요 내 기뻐하는 자라 하시니라 마 3:16-17

♡♡는 '삼위일체 하나님'이라는 말을 들어 본 적이 있나요?
그것은 성부 하나님, 성자 하나님, 성령 하나님의 역할은 구별되어 있지만,
하나님은 한 분이시라는 말이에요.

성부 하나님은 창조하시고 계획을 세우시는 일을 하세요.
성자 하나님은 계획을 행하시는 일을 하세요.
성령 하나님은 작정하시고 계획하신 일을 믿는 사람들에게 적용하시는 일을 하세요.
성부, 성자, 성령 하나님은 한 분이세요.

함께 따라해 볼까요?

"성부 하나님, 성자 하나님, 성령 하나님은 삼위일체의 하나님이세요."

♡♡는 유아세례를 받을 때 "아버지와 아들과 성령의 이름으로" 세례를 받았어요.
성부 하나님, 성자 하나님, 성령 하나님은 한 하나님으로
♡♡를 자녀로 삼아 주신 거예요.

성부 하나님의 계획에 따라
♡♡가 엄마, 아빠의 자녀로 이 땅에 오게 되었어요.
성자 하나님인 예수님은 ♡♡를 너무 사랑하셔서
♡♡ 대신 십자가에 돌아가셨어요.
성령 하나님의 역사하심으로
♡♡가 예수님을 주님으로 받아들이게 되었어요.

♡♡는 그 비밀을 다 이해할 수는 없지만
늘 삼위일체 되신 하나님과 함께해요.

다시 한 번 따라해 볼까요?

"성부 하나님, 성자 하나님, 성령 하나님은 삼위일체의 하나님이세요."

소요리문답

6문: 하나님의 신격에는 몇 위가 계십니까?

답: 하나님의 신격에는 성부, 성자, 성령, 삼위가 계십니다. 이 삼위는 한 하나님이
며, 본질이 동일하시고 권능과 영광이 동등하십니다.

마침기도

삼위일체 되신 하나님의 비밀을 조금이라도 알 수 있도록 인도해 주셔서 감
사해요. ♡♡와 우리 가족이 삼위일체 하나님과 늘 동행하도록 인도해 주세
요. 우리 가족도 아름다운 연합을 이루도록 이끌어 주세요.

chapter 7

나쁜 일은
하나님의 계획인가요?

- **마음열기** ♡♡가 요즘 가장 슬펐던 일은 무엇인가요? 왜 슬펐나요?

- **기도** 시간도 장소도 뛰어넘어 온 세상을 움직이시는 크신 하나님을 만나기 원합니다.

- **찬송** 찬송가 37장

- **말씀** 만군의 여호와께서 맹세하여 가라사대 나의 생각한 것이 반드시 되며 나의 경영한 것이 반드시 이루리라 사 14:24

꿀꿀 '아기 돼지 삼 형제' 이야기 알지요?
그중 막내 돼지만 벽돌로 집을 지었어요.
벽돌로 지은 집은 튼튼해서 폭풍 같은 바람에도 무너지지 않고
아기 돼지 삼 형제가 안전하게 있을 수 있었어요.

하나님도 이 세상을 만드실 때 튼튼하고 완벽하게 만드셨어요.
해와 달을 통하여 밤낮을 정해 주셨어요.
밤하늘의 별들이 땅에 떨어지지 않게 운행해 주셨어요.
사람으로 하여금 동물들과 식물들을 다스리며 번성하게 하셨어요.
이 모든 것이 하나님의 계획이었지요.

함께 따라해 볼까요?

"하나님의 계획에 따라 / 온 세상의 모든 일들을 / 작정하셨어요."

우리에게 일어나는 모든 일들은
하나님의 계획 안에서 일어나고 있어요.
좋은 일이든 나쁜 일이든
하나님은 하나님의 계획 안에서
하나님의 영광을 위해 다스려 가세요.

우리에게 이해되지 않는 나쁜 일이 일어났나요?
하지만 그 일을 허락하신 분은 하나님이시랍니다.
하나님은 선하시고 공의로운 분이심을 잊으면 안 돼요.
이 모든 나쁜 일까지도 협력하여 하나님의 영광을 드러내는 데 사용될 거예요.
이 길을 통해 가장 좋은 길로 인도하시는 하나님에 대한 소망을 놓지 말아야 해요.

다시 한 번 따라해 볼까요?

"하나님의 계획에 따라 / 온 세상의 모든 일들을 / 작정하셨어요."

소요리문답

7문: 하나님의 작정은 무엇입니까?

답: 하나님 작정은 하나님의 영원한 계획에 따라 하나님께서는 일어날 모든 일들을 자기 영광을 위하여 미리 정하신 것입니다.

마침기도

우연 같아 보이는 일들도 하나님의 계획 안에 있음을 믿습니다. 힘들다고 슬퍼하지 않고, 선한 길로 이끄실 하나님을 신뢰하는 우리 가정이 되게 해주세요.

chapter 8

세상에 우연은 있을까요?

- ❤ **마음열기** ♡♡의 태아 사진을 보며 이야기 나누어 보아요.

- ❤ **기도** 이 세상을 통치하시는 하나님의 방법을 알게 해주세요. 기쁜 일도 슬픈 일도 다 하나님의 영광을 드러내는 데 사용해 주세요.

- ❤ **찬송** 찬송가 93장

- ❤ **말씀** 우리가 알거니와 하나님을 사랑하는 자 곧 그의 뜻대로 부르심을 입은 자들에게는 모든 것이 합력하여 선을 이루느니라 롬 8:28

놀이동산에 놀러 갔다가 우연히 친구를 만나면 반갑겠죠?
자동차를 운전하다가 가벼운 접촉사고가 날 수도 있어요.
잘 지내다가도 감기에 걸려서 병원에 갈 수도 있고요.
우리는 때때로 이렇게 기쁜 일, 슬픈 일을 겪게 되어요.

이 모든 것이 우연일까요? 아니에요.
하나님은 이 세상을 만드셨고, 시간도 만드셨고, 공간도 만드셨어요.
이 세상의 모든 일들은 하나님의 섭리 안에서 일어나고 있지요.

함께 따라해 볼까요?

"하나님께서 창조와 섭리를 통해 / 자신의 작정을 이루십니다."

이 세상의 모든 일들은 하나님의 섭리 안에서 일어나고 있어요.
하나님의 뜻에 따라 움직이고 있는 거예요.
하나님의 영광을 위해서 움직이고 있는 거예요.

하나님이 그렇게 계획하셨어요.
하나님이 모든 것을 이끌어 가시기 때문에 우연이라는 것은 없어요.
그렇다고 해서, 우리가 로봇과 같이 조종당한다는 뜻은 아니에요.
하나님은 우리에게 자유의지를 주셨어요.
우리의 선택을 사용하셔서 하나님의 계획을 이루어 가세요.

어렵고 힘든 일이 생긴다 해도 절망하지 마세요.
하나님은 하나님의 자녀에게 일어나는 모든 일을 알고 계세요.
그리고 하나님의 영광을 위해 다스려 가세요.
그러니 하나님의 작정을 믿고 하나님을 신뢰하면 돼요.

다시 한 번 따라해 볼까요?

"하나님께서 창조와 섭리를 통해 / 자신의 작정을 이루십니다."

소요리문답

8문: 하나님께서 자신의 작정을 어떻게 이루십니까?
 답: 하나님께서 창조와 섭리를 통해 자신의 작정을 이루십니다.

마침기도
크고 좋으신 하나님이 우리 아버지 되심에 감사드려요. 힘들고 어려운 상황
가운데서도 모든 것을 협력하여 선을 이루시는 하나님을 신뢰합니다.

chapter 9

이 모든 것을
어떻게 만드셨을까요?

◡ **마음열기** ♡♡의 눈, 코, 입은 누구를 닮았나요?

◡ **기도** 하나님, 우리를 둘러싼 이렇게 아름다운 세상을 하나님이 만드셨다고요?
♡♡도 하나님이 만드셨다고요? 와우~ 하나님은 능력자예요!

◡ **찬송** 찬송가 93장

◡ **말씀** 태초에 하나님이 천지를 창조하시니라 창 1:1

케이크를 만들려면 무슨 재료가 필요할까요? (빵, 생크림, 과일 등)
김치를 만들려면 무슨 재료가 필요할까요? (배추, 고춧가루, 소금 등)
이처럼 우리는 재료가 있어야 무엇인가를 만들 수 있어요.

하나님은 어떠실까요?
이 세상을 만드실 때 어떤 재료로 만드셨을까요?
하나님은 아무것도 필요 없으셨어요.
오직 '말씀'으로 이 세상을 만드셨어요.
눈에 보이는 세상과 보이지 않는 것들도 다 만드셨어요.

함께 따라해 볼까요?

"하나님이 세상을 / 말씀으로 만드셨어요."

하나님이 이 세상을 만드시기 전에는 아무것도 없는 상태였어요.
하나님은 만드신 세상을 보고 너무 좋아하셨어요.

하나님이 만드신 작품 중에 가장 뛰어난 걸작품은 바로 '사람'이에요.
바로 하나님 닮게 만드셨기 때문이지요.
하나님은 우리 같은 사람을 보시고 아주 많이 좋아하셨어요.

'나도 다른 친구처럼 예쁘게 생겼으면 좋겠어.'
'나도 다른 친구처럼 키가 컸으면 좋겠어.'
이렇게 생각한 적이 있나요?

하나님은 우리 모두를, 한 사람도 빼놓지 않고 다,
하나님을 닮은 최고의 걸작품으로 만드셨어요.
하나님의 목소리가 들리는 것 같지 않나요?

"♡♡야! 넌 최고의 작품이야. 내가 너를 만들고 아주 많이 기뻤단다."

다시 한 번 따라해 볼까요?

"하나님이 세상을 / 말씀으로 만드셨어요."

소요리문답

9문: 창조는 무엇입니까?
　답: 창조는 하나님께서 6일 동안 아무것도 없는 상태에서 말씀으로만 세상을 만
　　　드신 것이에요.

마침기도

별들도, 꽃들도, 새들도, 물고기들도, 동물들도 다 하나님이 만들어 주셨지
요? 감사합니다. 특별히 저를 멋지게 하나님을 닮은 사람으로 만들어 주셔
서 너무너무 감사해요.

chapter 10

사람은 왜 서로 존중해야 할까요?

- **마음열기** ♡♡는 커서 어떤 사람이 되고 싶나요? 그 이유는 뭔가요?

- **기도** 우리를 향한 하나님의 마음이 나의 마음이 되게 해주세요.

- **찬송** 찬송가 64장

- **말씀** 하나님이 자기 형상 곧 하나님의 형상대로 사람을 창조하시되 남자와 여자를 창조하시고 창 1:27

다른 사람을 함부로 때리면 될까요?
다른 사람에게 못된 말을 하면 될까요?
나에게 해를 끼친 사람이라고 함부로 때리거나 못된 말을 하면 될까요?
안 되지요! 왜냐하면 사람들은 모두 존귀하기 때문이에요.

사람은 왜 존귀할까요?
하나님께서 세상을 만드실 때 사람만 하나님을 닮게 존귀하게 만드셨기 때문이에요.
하나님은 사람을 만드시고 가장 보기 좋다고 하셨어요.
사람을 걸작품으로 만드신 것이지요.

함께 따라해 볼까요?

"하나님은 사람을 / 하나님 닮게 만드셨어요. / 그래서 서로 존중해야 해요."

하나님을 닮았다는 것은 하나님처럼 모든 것을 할 수 있다는 말이 아니에요.
하나님의 거룩함과 선하심과 의로움을 닮았다는 뜻이에요.

말도 못하고 응애응애 울기만 하는 아기도 하나님 닮은 사람이에요.
무거운 것도 못 들고 키도 작지만, ♡♡와 같은 어린아이도 하나님 닮은 사람이에요.
피부색이 달라도 이 세상 모든 사람은 하나님을 닮았어요.
북극 사람, 유럽 사람, 아시아 사람 모두 하나님을 닮았어요.

어떤 사람이든 하나님 대하듯,
존귀하고 소중하게 대해야 해요.

다시 한 번 따라해 볼까요?

"하나님은 사람을 / 하나님 닮게 만드셨어요. / 그래서 서로 존중해야 해요."

소요리문답

10문: 하나님께서는 사람을 어떻게 창조하셨습니까?

답: 하나님께서는 사람을 남자와 여자로 창조하시되, 하나님의 형상을 따라 지식과 의와 거룩함이 있게 하셨고, 다른 모든 피조물을 다스리게 하셨습니다.

마침기도

우리 가족 모두 하나님 닮아 존귀하고 소중한 존재로 만들어 주셔서 감사합니다. 낯선 외국 사람들도, 재미있게 생긴 사람들도 다 하나님 닮은 소중한 사람들임을 알고 소중하게 대하는 ♡♡와 우리 가족 되게 해주세요.

chapter 11

하나님은
나에게 관심이 있을까요?

⌣ **마음열기** ♡♡가 가장 좋아하는 색깔은 무엇인가요? 그 이유는 뭔가요?

⌣ **기도** 하나님이 만드신 세상은 이렇게 넓고 광활한데, 나 같은 작은 아이에게도 관심이 있으신가요? 하나님, 알려주세요.

⌣ **찬송** 찬송가 70장

⌣ **말씀** 여호와께서 그 보좌를 하늘에 세우시고 그 정권으로 만유를 통치하시도다
시 103:19

반짝반짝 셀 수 없이 많은 별들을 하나님이 만드셨어요.
푸릇푸릇 수많은 나무와 꽃들도 하나님이 만드셨어요.
나뭇잎 뒤에 숨어 있는 엄청나게 많은 곤충들도 하나님이 만드셨어요.
그 곤충들을 잡아먹는 엄청나게 많은 동물들도 하나님이 만드셨어요.
깊고 깊은 바닷속에 사는 물고기들,
넓고 넓은 하늘 위를 나는 새들도 다 하나님이 만드셨어요.

하나님은 자신이 만든 것들을 그냥 내버려 두셨을까요?
"이제 끝이다. 알아서 살아라." 하셨을까요?
아니에요!

하나님은 피조물들이 서로 조화롭고 균형 있게 살아가도록
지금도 간섭하시고 이끌어 가세요.
♡♡ 같은 어린아이도 하나님은 크게 사랑하시고 적극적으로 이끌어 주세요.
이것을 하나님의 섭리라고 해요.

함께 따라해 볼까요?

"하나님은 지금도 언제 어디서나 / 나에게 관심을 가지시고 / 이끌어 가세요."

하나님의 섭리가 멈출 때가 있을까요?
하나님은 영이시기 때문에, 언제 어디서나 우리와 함께하시고 보호하시고 인도해 주세요.
하나님은 피곤하시지도 않고 주무시지도 않으시기 때문에
하나님의 섭리는 단 한순간도 중단되지 않아요.

그래서 모든 일에 불안해하지 않고,
용기 내어 하나님께 맡기며 평안을 누릴 수 있어요.

다시 한 번 따라해 볼까요?

"하나님은 지금도 언제 어디서나 / 나에게 관심을 가지시고 / 이끌어 가세요."

소요리문답

11문: 하나님께서 섭리하시는 일이 무엇입니까?
  답: 하나님께서 섭리하시는 일은 모든 피조물과 그 모든 활동을 가장 거룩하고 지혜롭고 능력 있게 보존하시며 통치하시는 것입니다.

마침기도

하나님 아버지, 우리의 모든 것에 섭리해 주셔서 감사합니다. 우리의 어려운 일까지도 협력하여 선을 이루시며, 이 모든 것을 하나님의 영광을 위해 통치하심을 감사합니다.

chapter 12

왜 선악과를
먹지 말라고 하셨나요?

마음열기 끝말잇기를 시작해 볼까요? 손가락~

기도 하나님이 우리에게 왜 선악과를 주셨는지 깨닫게 해주세요. 크신 하나님의 뜻을 이해하게 도와주세요.

찬송 찬송가 79장

말씀 여호와 하나님이 그 사람에게 명하여 가라사대 동산 각종 나무의 실과는 네가 임의로 먹되 선악을 알게 하는 나무의 실과는 먹지 말라 네가 먹는 날에는 정녕 죽으리라 하시니라 창 2:16-17

"너하고 나는 친구 되어서 사이좋게 지내자~ 새끼손가락 고리 걸고 꼭꼭 약속해~"

약속은 친구끼리 할 수 있어요.
엄마, 아빠와 약속하여 멋진 선물을 받을 수도 있고요.
하지만 개미나 코끼리와는 약속할 수 없어요.
사람만이 약속의 개념을 이해할 수 있기 때문이지요.

하나님은 사람을 하나님을 닮게 만드셨어요.
그리고 우리 인격을 존중해 주셨어요.
그 증거가 우리와 맺은 약속, 즉 언약이에요.

함께 따라해 볼까요?

"하나님은 우리를 존귀하게 여기셔서 / 선악과로 언약을 맺으셨어요."

하나님은 사자와도 공룡과도 이런 약속을 하지 않으셨어요.
오직 사람을 특별하게 여기셔서 각종 나무의 열매를 먹을 수 있도록 하셨고,
선악을 알게 하는 나무의 열매는 먹지 못하도록 하셨어요.
그리고 선악과를 먹는 날에는 반드시 죽는다고 말씀하셨어요.

사람은 하나님과의 언약을 지킴으로 생명의 길을 갈 수 있었어요.
하지만 하나님과의 언약을 지키지 않으면 사망의 길을 갈 수밖에 없었지요.
하나님은 사람의 자유로운 선택으로 영원한 생명의 길을 선택하길 원하셨어요.
지금도 하나님은 예수님 안에서 기쁨으로 하나님 말씀에 순종하며 살길 원하세요.

다시 한 번 따라해 볼까요?

"하나님은 우리를 존귀하게 여기셔서 / 선악과로 언약을 맺으셨어요."

소요리문답

12문: 사람이 창조받은 지위에 있을 때에 하나님께서 그에게 행하신 특별한 섭리는
무엇입니까?

답: 하나님께서 사람을 창조하신 후에 완전한 순종을 조건으로 생명 언약을 맺으
시고, 선악을 알게 하는 나무의 열매 먹는 것을 사망의 벌로서 금하셨습니다.

마침기도

우리를 자유로운 존재로 지으시고 존중해 주심을 감사드립니다. 예수님 안
에서 늘 하나님이 기뻐하시는 생명의 길을 갈 수 있도록 인도해 주세요.

chapter 13

인간은
왜 타락하게 되었을까요?

∪ **마음열기** ♡♡가 받았던 선물 중에 가장 마음에 들었던 것은 무엇인가요?

∪ **기도** 우리를 인격적으로 대하셔서 자유의지를 주셔서 감사드려요. 바로 알고 우리에게 주신 자유의지를 바로 사용하도록 인도해 주세요.

∪ **찬송** 찬송가 80장

∪ **말씀** 그들이 날이 서늘할 때에 동산에 거니시는 여호와 하나님의 음성을 듣고 아담과 그 아내가 여호와 하나님의 낯을 피하여 동산 나무 사이에 숨은지라

창 3:8

우리나라는 자유주의 국가예요.
그러나 북한은 공산주의 국가지요.
우리는 우리가 원하는 꿈을 이루기 위해 마음껏 배울 수 있어요.
그러나 북한은 꿈을 꾸지 못하고 감시받고 통제받고 있어요.
하지만, 우리나라도 법이라는 테두리 안에서 자유를 사용하도록 되어 있답니다.
이웃에게 피해를 주면, 자유가 없는 감옥에 갇힐 수도 있어요.
하나님도 이러한 의미로 사람에게 자유의지를 주셨어요.

함께 따라해 볼까요?

"첫 사람 아담과 하와는 / 자유의지로 / 선악과를 따 먹고 / 죄를 지었어요."

엄마, 아빠가 ♡♡를 위해 놀이방을 만들어 주셨어요.
놀이방의 장난감은 ♡♡가 자유롭게 가지고 놀 수 있어요.
하지만, 장난감을 던져서 부수거나 정리하지 않고 더러운 상태로 내버려 둔다면
더 이상 놀이방의 장난감을 가지고 놀 수 없을지도 몰라요.

하나님도 마찬가지예요.

하나님은 사람을 자유로운 에덴동산에서 동물들을 다스리며 살 수 있게 해주셨어요.

하지만, 그곳에서 계속 잘 살기 위해서는 딱 한 가지 약속을 지켜야 했어요.

바로 선악과를 따 먹지 않는 것이지요.

에덴동산에는 선악과 말고도 너무나 탐스럽고 맛있는 과일들이 많았고,

하나님과의 약속을 기쁘게 지킴으로써 하나님에 대한 순종을 보여야 했어요.

그러나 아담과 하와는 자유의지로 먹지 말아야 할 선악과를 먹고 말았어요.

하나님께서 주신 자유의지를 죄를 짓는 데 사용한 것이지요.

다시 한 번 따라해 볼까요?

"첫 사람 아담과 하와는 / 자유의지로 / 선악과를 따 먹고 / 죄를 지었어요."

소요리문답

13문: 우리 시조는 창조된 본래의 상태에 계속 머물렀습니까?

   답: 우리 시조는 자유의지를 가지고 하나님께 범죄하여 창조된 본래의 상태에서 타락하였습니다.

마침기도

하나님, 우리에게 자유의지를 주셔서 감사합니다. 우리에게 주신 자유의지로 죄를 짓지 않고 오직 하나님을 기쁘게 섬기는 데 사용하게 해주세요.

chapter 14

죄란
무엇인가요?

- **마음열기** 우리 중에 누가 먼저 "사랑해"라고 10번 말해 볼까요? 시~작!

- **기도** ♡♡와 우리 가족이 하는 행동과 말 중에서 어떤 것이 죄인지 밝히 보여 주세요. 그리고 그 길로 가지 않게 인도해 주세요.

- **찬송** 찬송가 86장

- **말씀** 만일 누구든지 여호와의 금령 중 하나를 부지중에 범하여도 허물이라 벌을 당할 것이니 레 5:17

횡단보도를 건널 때는 신호등에 초록불이 켜질 때 손을 들고 건너야 해요.
빨간불일 때 건너면 어떻게 될까요?
우리 자신이 위험할 뿐만 아니라, 법을 어겼기 때문에 큰 벌을 받을 수도 있어요.

법은 나라마다 달라요.
우리나라와 미국, 캐나다 같은 나라들은 오른쪽 도로로 차들이 달려요.
하지만 영국, 싱가포르, 일본과 같은 나라들은 왼쪽 도로로 차들이 달리지요.
반대 방향으로 가면 큰일 나요. 법을 어긴 것이 되기 때문이죠.
하지만 모든 나라 모든 사람에게 똑같이 적용되는 법이 있어요.
그건 바로, 하나님의 법이에요.

함께 따라해 볼까요?

"모든 사람에게는 / 하나님의 법이 있어요. / 하나님의 법을 어기는 것이 죄예요."

하나님은 에덴동산의 선악과를 통해서 하나님의 법을 만드셨어요.

하나님의 뜻은 사람들이 하나님이 만드신 아름다운 자연들을 잘 돌보면서 하나님의 법에 순종하며 사는 거였어요.

하지만, 아담과 하와는 하나님의 법을 지키지 않았어요.

먹지 말라고 명하신 선악과를 따 먹는 죄를 지었고, 죽음이 오게 되었어요.

죄의 결과는 참혹해요.

다시 돌이키고 싶어도 돌이킬 수 없어요.

아담과 하와 이후에 어느 누구도 죄에 대해서 자유로운 사람은 없었어요.

슬프지만, 아빠도, 엄마도, ♡♡도 죄인이에요.

그래서 예수님이 필요해요.

예수님 안에서 회개하고,

하나님의 법인 성경을 더욱 잘 알고 순종하는 우리 가정이 되어요.

다시 한 번 따라해 볼까요?

"모든 사람에게는 / 하나님의 법이 있어요. / 하나님의 법을 어기는 것이 죄예요."

소요리문답

14문: 죄가 무엇입니까?

   답: 죄는 하나님의 율법을 조금이라도 부족하게 지키거나 그 법을 어기는 것입니다.

마침기도

모든 사람에게 절대적인 하나님의 법을 주셔서 감사해요. 매일매일 말씀 안에서 하나님의 법을 순종하며 따라가게 해주세요.

chapter 15

타락이란
무엇인가요?

- **마음열기** 하늘에 떠 있는 구름은 무엇을 닮았는지 이야기해 보아요.

- **기도** 하나님, 타락이 무엇인지 알려 주세요. 또 타락하면 왜 안 되는지도 가르쳐 주세요. 그리고 회복시켜 주세요.

- **찬송** 찬송가 88장

- **말씀** 여자가 그 나무를 본즉 먹음직도 하고 보암직도 하고 지혜롭게 할 만큼 탐스럽기도 한 나무인지라 여자가 그 실과를 따 먹고 자기와 함께한 남편에게도 주매 그도 먹은지라 창 3:6

엄마, 아빠는 ♡♡에게 항상 싱싱하고 좋은 재료로 음식을 만들어 주고 싶어요.
하지만 상한 음식을 먹게 된다면 어떻게 될까요?
배가 많이 아파요. 그래서 병원에 가야 하지요.
다 나을 때까지는 아무것도 먹지 못할 거예요.

함께 따라해 볼까요?

"하나님이 / 처음 우리를 만드신 상태에서 벗어난 것이 / 타락이에요."

엄마, 아빠가 ♡♡를 항상 친절하고 상냥하게 대해 주나요?
가끔 엄마가 무서울 때는 너무 무서워서 괴물처럼 보일 때도 있지 않았나요?
엄마 마음 상태가 좋지 않아서 그래요.

하나님이 사람을 하나님의 형상을 닮아 아름답게 창조하셨어요.
하나님은 창조된 사람을 보시고 매우 좋다고 말씀하셨어요.

하지만 하나님의 법을 어기고 선악과를 따 먹는 순간,
사람은 처음 하나님이 만드신 상태에서 변했어요. 사람은 타락했어요.

사람은 부끄러움을 알게 되었어요.
사람은 하나님을 피하기 시작했어요.
죄를 짓고 타락한 사람은 하나님의 법을 지키고 싶어도 지킬 수 없는 상태가 되었어요.
타락한 사람은 죄의 노예로 살다가 반드시 죽을 수밖에 없었어요.

하지만 하나님의 크신 사랑이 우리를 타락한 상태로 내버려 두지 않으셨어요.
우리를 위한 구원의 길을 예수님을 통해 열어 주셨어요.
그래서 구원받은 하나님의 자녀들은 생명의 길로 나아가게 되었지요.
앞으로는 절대로 예수님 안에서 하나님의 법을 떠나지 않는 ♡♡와 우리 가정이 되어요.

다시 한 번 따라해 볼까요?

"하나님이 / 처음 우리를 만드신 상태에서 벗어난 것이 / 타락이에요."

소요리문답

15문: 첫 사람 아담이 창조 후에 타락하게 된 죄는 무엇입니까?
답: 첫 사람 아담이 창조 후 타락하게 된 죄는 금하신 열매를 먹은 것입니다.

마침기도

♡♡와 우리 가족을 끝까지 사랑하셔서 타락한 상태로 버려두지 않으셔서 감사드려요. 앞으로 예수님과 함께함으로 원래 형상을 회복하는 매일매일이 되도록 인도해 주세요.

chapter 16

아담의 범죄로 왜 우리까지 죄인이 되었을까요?

- **마음열기** ♡♡의 꿈은 무엇인가요?

- **기도** 아담이 죄를 짓고 타락해서 우리 모두가 죄인이 되었다니 너무 놀라워요. 하나님 안에서 착한 말과 행동을 하는 ♡♡와 우리 가정이 되게 도와주세요.

- **찬송** 찬송가 90장

- **말씀** 사망이 사람으로 말미암았으니 죽은 자의 부활도 사람으로 말미암는도다 아담 안에서 모든 사람이 죽은 것같이 그리스도 안에서 모든 사람이 삶을 얻으리라 고전 15:21-22

우리나라 대통령은 우리나라를 대표해요.
대통령이 잘못하면 나라 전체가 출렁거려요.
대통령이 잘하면 나라 전체가 칭찬받고 자랑스럽지요.
왜냐하면 대통령은 우리나라를 대표하기 때문이에요.

아담도 첫 사람으로, 이후의 모든 사람을 대표해요.
이것이 아담의 타락이 모든 사람의 타락이 된 이유지요.

함께 따라해 볼까요?

"첫 사람 아담은 모든 사람의 대표예요. / 아담의 타락은 나의 타락에 영향을 미쳤어요."

"나는 아담이 살던 때에 태어나지 않았는데요."
"아담을 실제로 본 적도 없는데 억울해요."
이렇게 말할 수 있을까요?

하나님의 창조질서에 의해서 아담은 첫 번째 사람이 되었어요.

첫 사람으로 모든 사람의 대표가 되었지요.

아담은 자신이 한 일이 얼마나 끔찍한 영향을 미쳤는지 몰랐을 거예요.

하지만 아담과 하와의 타락은 인류의 타락이라는 끔찍한 결과를 가져왔어요.

엄마도, 아빠도, ♡♡도 그 영향에서 벗어날 수가 없어요.

모든 사람이 타락했어요.

하지만 억울해하지 마세요.

하나님이 우리를 위한 구원의 길을 열어놓으셨다고 말했지요?

한 사람 예수님으로 말미암은 구원의 길도

믿음으로 말미암아 모든 사람에게 영향을 미쳐요.

아담이 우리의 대표가 되었듯이,

예수님도 우리의 대표가 되어 주셨어요.

타락한 상태로 두지 않으신 하나님을 찬양하는 우리 가정이 되어요.

다시 한 번 따라해 볼까요?

"첫 사람 아담은 모든 사람의 대표예요. / 아담의 타락은 나의 타락에 영향을 미쳤어요."

소요리문답

16문: 아담의 첫 범죄 때에 모든 사람이 타락하였습니까?

  답: 아담과 맺으신 언약은 아담 한 사람만이 아니라 그의 후손까지 위한 것이므로, 보통 출생법으로 아담의 후손이 된 모든 인류는 아담의 첫 범죄 때에 그의 안에서 죄를 짓고 그와 함께 타락하였습니다.

마침기도

한 사람 아담의 영향으로 우리 모든 사람이 타락했어요. 우리 가족도요. 우리를 타락한 채로 내버려 두지 않으신 하나님의 크신 사랑에 감사드려요. 예수님처럼 좋은 영향력을 주는 ♡♡와 우리 가정 되게 해주세요.

chapter 17

타락으로 인간에게 어떤 변화가 생겼나요?

- **마음열기** 우리 중 "미안해"라는 말을 누가 먼저 5번 해볼까요? 시~작!

- **기도** 아담이 죄를 짓고 타락했어요. 아담이 죄를 지어서 우리 모두 죄인이 되었어요. 우리 가정이 아담처럼 쉽게 죄를 짓지 않고 죄를 미워할 수 있게 도와주세요. 하나님의 법만 사랑하게 해주세요.

- **찬송** 찬송가 91장

- **말씀** 이러므로 한 사람으로 말미암아 죄가 세상에 들어오고 죄로 말미암아 사망이 왔나니 이와 같이 모든 사람이 죄를 지었으므로 사망이 모든 사람에게 이르렀느니라 롬 5:12

수박 밭에 가봤나요?
수박 밭에 가면 싱글싱글 탐스러운 수박도 있지만,
썩어서 냄새가 나는 수박도 있어요.
썩은 수박은 내다 버릴 수밖에 없어요.
한 부분만 썩어도 냄새가 지독해서 전체 수박을 다 상하게 만들거든요.

사람도 마찬가지예요.
작은 잘못으로도 사람은 타락해서 죄인이 되어 버려요.

함께 따라해 볼까요?

"첫 사람 아담이 타락하여 / 인류 전체가 / 죄 상태에 빠졌어요."

하나님은 완전하신 분이에요. 거룩하신 분이에요.
하나님 앞에서는 아주 조그마한 흠도 엄청 크게 보여요.

아주 작은 부분이 썩었다고 해서 썩지 않은 것이 될까요? 그렇지 않아요.
아주 많이 썩은 것이나 아주 조금 썩은 것이나
다 썩어서 내다 버려야 하는 상태인 것은 같아요.

하나님 앞에서는 죄가 그래요.
사람에게 해를 끼치는 아주 큰 죄나 마음으로만 생각하는 아주 작은 죄나
하나님 앞에서는 다 더러운 죄예요.

♡♡와 우리 가족도 아담과 하와처럼 타락해서 죄에 빠졌어요.
♡♡와 우리 가족도 에덴동산에서 쫓겨났던 아담과 하와처럼 하나님의 동산에서 쫓겨났어요.
♡♡와 우리 가족에게도 끔찍한 죄의 결과인 죽음이 다가왔어요.
♡♡와 우리 가족이 깜깜한 죄의 구덩이 속에 다 들어가 버렸어요.
너무 절망적이지요? 너무 슬프지요?

하지만, 하나님은 우리를 위한 계획을 더 가지고 계셨어요.
바로 하나님의 아들 예수님이에요.
이 놀라운 계획을 통해 우리는 깜깜한 죄 상태에서, 엄청난 빛으로 나아갈 수 있게 되었어요.

다시 한 번 따라해 볼까요?

"첫 사람 아담이 타락하여 / 인류 전체가 / 죄 상태에 빠졌어요."

소요리문답

17문: 타락으로 말미암아 인류는 어떠한 처지에 떨어지게 되었습니까?
  답: 타락으로 말미암아 인류는 죄와 비참한 처지에 떨어지게 되었습니다.

마침기도

모든 인류가 타락하게 되어 죄의 비참한 상태에 빠졌어요. 하지만, 진노 중
에도 은혜를 잊지 않으신 하나님, 감사합니다.

chapter 18

아담의 죄를
무엇이라 부를까요?

⌣ **마음열기** ♡♡가 가 보고 싶은 곳은 어디인가요?

⌣ **기도** 아담이 죄를 지었기 때문에 아담의 자손인 우리도 모두 죄의 씨앗을 갖고 태어났어요. 아~ 하나님, 우리를 구원해 주세요.

⌣ **찬송** 찬송가 93장

⌣ **말씀** 만물보다 거짓되고 심히 부패한 것은 마음이라 누가 능히 이를 알리오마는 나 여호와는 심장을 살피며 폐부를 시험하고 각각 그 행위와 그 행실대로 보응하나니 렘 17:9-10

딸기 밭의 딸기는 어떻게 생길까요?
아주 작은 딸기 씨앗이 심겼기 때문에, 딸기 씨앗에서 딸기가 열려요.

이처럼, 죄를 범한 아담과 하와로부터 태어난 모든 사람도 죄의 씨앗을 품고 태어났어요.
이것을 원죄라고 해요.

함께 따라해 볼까요?

"아담으로 인한 죄의 씨앗을 / 원죄라고 부르고, / 원죄 때문에 짓는 모든 죄들을 / 자범죄라고 해요."

모든 사람은 원죄의 씨앗을 품고 태어나요.
그렇기 때문에 사람은 자라면서 자기중심적으로 생각하고, 자기중심적으로 말하고,
자기중심적으로 행동하면서 다른 사람들에게 피해를 줘요. 이것을 자범죄라고 해요.
욕심, 시기, 질투 등도 마음으로 짓는 자범죄예요.
욕하고, 나쁜 말하고, 거짓말하는 것도 말로 짓는 자범죄예요.

때리고, 훔치고, 죽이기까지 하는 것도 행동으로 짓는 자범죄예요.

어느 누구도 원죄에서, 자범죄에서 자유로울 수 없어요.
죽음 앞에서 자유로울 수 없어요. 어찌하면 좋을까요?

다행히 하나님은 우리를 사랑하시되 끝까지 사랑하셔서 구원의 길을 열어 주셨어요.
구원의 길의 첫발은 회개하는 거예요.
회개는 내게 있는 원죄, 자범죄들을 고백하고 하나님의 용서를 구하는 거예요.

다시 한 번 따라해 볼까요?

"아담으로 인한 죄의 씨앗을 / 원죄라고 부르고, / 원죄 때문에 짓는 모든 죄들을 / 자범죄
라고 해요."

소요리문답

18문: 사람이 그 타락한 처지에서 죄 되는 것은 무엇입니까?

  답: 사람이 그 타락한 처지에서 죄 되는 것은 아담의 첫 범죄의 죄책(罪責)과 원시의
의(原始義)가 없는 것과 온 성품이 부패한 것인데, 이것이 보통 원죄(原罪)라 하는
것이고, 아울러 이 죄로 말미암아 나오는 모든 자범죄(自犯罪)입니다.

마침기도

욕심내고 시기하고, 엄마, 아빠 말씀 듣지 않고 거짓말했던 것, 때리고 화냈
던 일들 모두 다 잘못했습니다. 용서해 주세요.

chapter 19

죄는 모든 사람에게
어떤 결과를 가져왔나요?

⌣ **마음열기** 우리 가족을 그림으로 그려 보아요.

⌣ **기도** 원죄 때문에 우리가 하나님으로부터 멀어졌어요. 하나님께 가까이 나아가고
싶어요. 우리의 죄를 용서해 주세요.

⌣ **찬송** 찬송가 94장

⌣ **말씀** 또 여자에게 이르시되 내가 네게 잉태하는 고통을 크게 더하리니 네가 수고
하고 자식을 낳을 것이며 너는 남편을 사모하고 남편은 너를 다스릴 것이니
라 하시고 아담에게 이르시되 네가 네 아내의 말을 듣고 내가 너더러 먹지
말라 한 나무 실과를 먹었은즉 땅은 너로 인하여 저주를 받고 너는 종신토록
수고하여야 그 소산을 먹으리라 창 3:16-17

산에서는 불을 조심해야 해요.
아주 작은 불씨도 산을 순식간에 잿더미로 만들어 버릴 수 있어요.
산불이 나면, 우리에게 깨끗한 공기를 주던 숲도 사라져요.
산불이 나면, 동물에게 먹이와 잠자리를 주던 터전도 사라져요.

함께 따라해 볼까요?

"아담의 죄는 작아 보이지만 / 인류를 아주 비참한 상태로 만들었어요."

아담의 죄는 선악과를 따 먹는 작은 행동에서 시작되었어요.
하지만 그 결과는 전 인류를 아주 비참한 상태로 만들었어요.

죄의 결과는 무엇일까요?
첫째, 하나님과 교제가 끊어졌어요. 죄를 범한 아담과 하와는 에덴동산에서 쫓겨났어요.

둘째, 인간은 사탄의 지배 아래 살게 되었어요. 선을 행하기보다 악을 행하게 되었어요.
셋째, 인간은 죄 때문에 하나님의 진노 아래 있게 되었어요.
넷째, 인간은 이 땅에서 비참한 삶을 살게 되었어요. 전쟁과 기근, 질병이 계속되었어요.
다섯째, 인간은 죽음의 형벌을 받았어요. 이 형벌의 고통은 영원히 계속되어요.

이 비참한 결과를 피할 길은 없을까요?
하나님은 오직 하나의 길을 준비해 주셨어요.
예수님께서 ♡♡의 죄를 위해 대신 죽으시고 3일 만에 부활하신 사실을 믿고,
예수님을 ♡♡의 구주로 받아들이는 것이에요.
이 믿음으로 ♡♡는 영원한 생명을 얻고 죄의 비참으로부터 벗어날 수 있어요. 할렐루야!

다시 한 번 따라해 볼까요?

"아담의 죄는 작아 보이지만 / 인류를 아주 비참한 상태로 만들었어요."

소요리문답

19문: 사람이 그 타락한 처지에서 비참한 것은 무엇입니까?

　답: 모든 인류는 타락함으로 말미암아 하나님과 교제가 끊어졌고 하나님의 진노
　　　와 저주 아래 있으며, 그로 말미암아 이 세상에서 온갖 비참함을 겪다가 결국
　　　죽음에 이르고 영원히 지옥의 고통에 떨어집니다.

마침기도

죄의 결과가 얼마나 비참한지 알려 주셔서 감사드려요. 또한 예수님을 믿음
으로 구원의 은혜가 얼마나 큰지 알려 주셔서 감사드려요. 예수님, 사랑해요.

chapter 20

하나님은 죄로 인해 비참함 가운데 있는 인간을 그냥 두셨나요?

- **마음열기** ♡♡는 별명이 있나요? 그 별명이 좋은가요, 싫은가요?

- **기도** 죄로 인해 비참해진 우리를 그냥 내버려 두지 않으셔서 감사드려요. 하나님의 크신 은혜를 누리는 ♡♡와 우리 가족이 되게 해주세요.

- **찬송** 찬송가 96장

- **말씀** 내가 너로 여자와 원수가 되게 하고 너의 후손도 여자의 후손과 원수가 되게 하리니 여자의 후손은 네 머리를 상하게 할 것이요 너는 그의 발꿈치를 상하게 할 것이니라 하시고 창 3:15

♡♡는 물놀이하는 것을 좋아하지요?
튜브를 타고 파도 풀을 즐기는 것은 정말 재미있어요.
하지만 튜브도 없고 수영도 못하는데, 물이 내 머리 높이까지 있다면요?
물속에서 허우적거릴 뿐 내 힘으로 할 수 있는 것은 없을 거예요.

죄에 빠진 사람의 모습도 이와 같아요.
스스로를 구원할 수 있는 방법은 없어요.
사람보다 힘이 센 분이 우리를 구원해 주셔야 해요.
하나님은 은혜 언약의 방법으로 우리를 선택하시고 구원해 주셨어요.

함께 따라해 볼까요?

"하나님은 / 죄에 빠진 우리를 선택하시고 / 은혜 언약의 방법으로 / 구원해 주셨어요."

하나님은 ♡♡가 예쁘게 생겨서 선택하셨을까요?
♡♡가 착해서 선택하셨을까요?

♡♡가 씩씩하고 용감해서 선택하셨을까요?
아니에요. 하나님의 주권에 의해 아무런 조건 없이 선택하신 거예요.

선택된 사람들은 은혜 언약으로 구원을 받아요.
아무 죄가 없는 하나님의 아들이 우리 죄를 대신해서 십자가에 돌아가심으로 죗값을 치르셨어요. 그리고 죄인을 의롭게 하셨어요. 선택된 자들은 이 사실을 믿음으로 구원을 얻게 되어요. 어떤 노력이나 대가 없이 오직 믿음만으로요.
그렇기 때문에 은혜 언약인 것이에요.

다시 한 번 따라해 볼까요?

"하나님은 / 죄에 빠진 우리를 선택하시고 / 은혜 언약의 방법으로 / 구원해 주셨어요."

소요리문답

20문: 하나님은 모든 사람이 죄와 비참 가운데 멸망하도록 내버려 두셨습니까?

답: 하나님은 자신의 선한 뜻을 따라 영원 전부터 어떤 이들을 선택하여 영생을 주시기로 하시고, 그들과 은혜 언약을 맺으셔서 구속자를 통해 죄와 비참의 상태에서 건져내시고, 구원에 이르게 하셨습니다.

마침기도

우리를 죄 가운데 버려두지 않으시고 선택하여 주셔서 감사해요. 하나님의 놀라운 구원의 계획을 베풀어 주셔서 감사해요. 영광스러운 하나님의 자녀 삼아 주셔서 감사해요.

chapter 21

하나님은 선택받은 사람을 어떻게 구원하셨나요?

- **마음열기** 우리 집에 있는 물건 중에 네모난 모양으로 된 물건을 찾아보아요.

- **기도** 우리를 위해 이 땅에 오신 아기 예수님을 찬양합니다.

- **찬송** 찬송가 109장

- **말씀** 말씀이 육신이 되어 우리 가운데 거하시매 우리가 그 영광을 보니 아버지의 독생자의 영광이요 은혜와 진리가 충만하더라 요 1:14

♡♡의 선생님은 어떤 분인가요?
선생님은 아무나 될 수 있을까요? 아니에요.
♡♡보다 많이 알고, 잘 이끌어 주실 수 있는 분이어야 선생님이 될 수 있어요.

그러면, 우리 죗값을 치르신 그리스도는 아무나 될 수 있나요?
먼저, 그리스도는 사람이셔야 해요. 사람들의 죗값을 대신해야 하기 때문이지요.
또한, 그리스도는 죄가 없으신 하나님이어야 해요.
그래야만 그분의 의로움이 우리의 의로움이 되기 때문이에요.

함께 따라해 볼까요?

"우리를 구원하실 그리스도는 / 사람이며 하나님이신 예수님이에요."

우리를 구원할 그리스도의 자격은 두 가지예요.
첫째는 완전한 사람이어야 하고,
둘째는 완전한 하나님이어야 한다는 것이지요.

그렇다면, 완전한 사람이면서 완전한 하나님이신 분은 누구일까요?
바로 하나님이 육신을 입고 낮아지신 하나님의 아들 예수님이세요.
완전한 사람이면서 완전한 하나님이신 분은 예수님뿐이세요.

하늘의 모든 영광을 버리고 사람이 되신 예수님의 은혜에 감사드려요.
♡♡를 위해서,
♡♡와 우리 가족을 구원하기 위해서,
놀라운 선택을 하신 그 큰 은혜를 찬양해요.

다시 한 번 따라해 볼까요?

"우리를 구원하실 그리스도는 / 사람이며 하나님이신 예수님이에요."

소요리문답

21문: 하나님께서 선택하신 사람들의 구속자는 누구이십니까?

  답: 하나님께서 선택하신 사람들의 구속자는 오직 주 예수 그리스도이십니다.
    그분은 하나님의 영원한 아들로서 사람이 되셨고, 한 위(位)에 양성(兩性)을
    가지신 하나님이시고 사람이셨으며, 지금도, 그리고 영원토록 그러하십니다.

마침기도

♡♡와 우리를 위해 하나님의 외아들 예수님을 이 땅에 보내 주셔서 감사드
려요. 우리의 죄를 대신해서 죽으시고, 예수님의 의를 우리에게 주신 은혜
를 찬양해요.

chapter 22

하나님의 아들은 어떻게 사람이 될 수 있었나요?

- ↪ **마음열기** 우리 집에 있는 물건 중에 세모난 모양으로 된 물건을 찾아보아요.

- ↪ **기도** 하나님이 사람이 되셨다는 사실이 정말 놀라워요. 이 놀라운 비밀을 잘 깨닫고 하나님의 그 사랑으로 저희도 서로 사랑하게 해주세요.

- ↪ **찬송** 찬송가 112장

- ↪ **말씀** 그는 근본 하나님의 본체시나 하나님과 동등됨을 취할 것으로 여기지 아니하시고 오히려 자기를 비워 종의 형체를 가져 사람들과 같이 되었고 빌 2:6-7

♡♡는 토끼처럼 깡충깡충 뛸 수 있나요?
코끼리처럼 코를 길게 만들 수 있나요?
그런데 진짜로 토끼가 된다면 어떨까요? 진짜로 코끼리가 된다면 어떨까요?
처음에는 신기하고 재미있을지도 모르지만, 말도 못 하고 답답할 것 같아요.
그런데 이런 변화보다 더 엄청난 변화를 겪으신 분이 계세요.

함께 따라해 볼까요?

"하나님의 아들 예수님은 / 동정녀 마리아를 통해 / 성령으로 잉태되셨어요."

하나님이 어떤 분인 줄 아나요?
온 우주 만물을 지으시고 다스리시는 분이에요.
하나님은 영으로 계시면서 어디에나 계시고 자유로우신 분이에요.
영원 전부터 계시며, 영원까지 계실 분이 바로 하나님이에요.
이 하나님이 이 땅에 사람의 몸으로 오시겠다고 결심하실 수 있을까요?
사람이 되면, 몸에 갇혀야 하고, 유한하며, 자유롭지 않은데 말예요.

♡♡라면 어떻게 하겠어요?

하지만, 하나님은 선택받은 자녀들의 구원을 위해
사람이 되시기로 작정하셨어요.
그런데 죄가 없으신 거룩한 하나님께서 사람으로 태어날 수 있을까요?
하나님은 동정녀 마리아를 통해 성령으로 잉태되어 우리와 같은 사람으로 태어나셨어요.
그렇기 때문에 죄가 없는 거룩한 자로서 죄인들을 대신해 죽을 수 있으셨던 거예요.

예수님은 거룩하고 흠 없는 사람으로 이 땅에 오셔서 우리를 대신해 죽으셨어요.
♡♡를 대신해 죽으셨어요.

다시 한 번 따라해 볼까요?

"하나님의 아들 예수님은 / 동정녀 마리아를 통해 / 성령으로 잉태되셨어요."

소요리문답

22문: 하나님의 아들이신 그리스도께서 어떻게 사람이 되셨습니까?

답: 하나님의 아들이신 그리스도께서는 성령의 능력으로 잉태되어 동정녀 마리아
의 몸에서 참몸과 지각 있는 영혼을 취하심으로 사람이 되셨습니다. 또한 마
리아에게서 태어나셨으나 죄는 없으십니다.

마침기도

우리를 위해 기꺼이 영광을 버리시고 낮아지신 예수님, 감사해요. 우리도 예
수님처럼 낮아지는 은혜를 기꺼이 누릴 용기를 주세요.

chapter 23

그리스도는 우리의 구속을 위해 어떤 일을 행하셨나요?

- ᴗ **마음열기** 우리 집에 있는 물건 중에 동그란 모양으로 된 물건을 찾아보아요.

- ᴗ **기도** 예수님은 우리를 위해 너무나 놀라운 일을 하셨어요. 그 일들을 알아가며 더 깊이 예수님을 사랑하기 원해요.

- ᴗ **찬송** 찬송가 114장

- ᴗ **말씀** 주의 성령이 내게 임하셨으니 이는 가난한 자에게 복음을 전하게 하시려고 내게 기름을 부으시고 나를 보내사 포로 된 자에게 자유를 눈먼 자에게 다시 보게 함을 전파하며 눌린 자를 자유케 하고 눅 4:18

변호사는 무슨 일은 하는 사람일까요?
법정에서 죄인을 변호하는 일을 해요.
누군가 억울하게 누명을 쓰고 죄인이 되지 않도록,
또 너무 과하게 죗값을 치르는 일이 없도록,
죄인과 판사 사이에서 중재자 역할을 하는 것이 변호사예요.

그러면 하나님과 죄인인 사람들 사이의 중재자 역할은 누가 하나요?
바로 예수님이에요.

함께 따라해 볼까요?

"하나님과 죄인인 사람 사이의 / 왕, 선지자, 제사장으로서 중재자 역할을 / 예수님께서 해 주세요."

옛날 이스라엘에는 하나님과 인간의 중재자 역할을 하던 세 사람이 있었어요.
이들은 모두 기름부음 받아 임명된 선지자, 제사장, 왕이었어요.

선지자는 하나님의 말씀을 깨닫게 해주는 역할을 했어요.
예수님은 선지자로서 우리에게 하나님의 말씀을 깨닫게 해주세요.

제사장은 제사를 통해 하나님과의 관계를 회복하는 역할을 했어요.
예수님은 제사장으로서 친히 제물이 되어 우리의 죗값을 지불하시고 화목하게 하셨어요.

왕은 백성들에게 하나님의 통치를 보여 주는 역할을 했어요.
예수님은 우리의 왕으로서 우리를 말씀으로 통치하세요.

이처럼, 예수님은 선지자, 제사장, 왕의 역할을 담당해 주셨어요.
♡♡가 말씀 안에서 죄를 깨닫고, 예수님의 십자가 공로를 붙잡고, 믿음으로 의의 옷을 입게 해주세요. 그리고 말씀 안에서 끊임없이 ♡♡를 통치해 주세요.

다시 한 번 따라해 볼까요?

"하나님과 죄인인 사람 사이의 / 왕, 선지자, 제사장으로서 중재자 역할을 / 예수님께서 해주세요."

소요리문답

23문: 그리스도께서 우리의 구속자로서 무슨 직분을 행하십니까?
　답: 그리스도께서는 우리의 구속자로서 선지자와 제사장과 왕의 직분을 낮아지고 높아지신 두 지위에서 행하십니다.

마침기도

한 가지 역할도 힘든데 선지자로, 제사장으로, 왕으로 우리에게 와 주셔서 감사해요. 어느 하나라도 없으면 안 되는데, 그 힘든 역할 세 가지를 다 잘 감당해 주셔서 감사해요.

chapter 24

예수님은 선지자의 일을
어떻게 행하시나요?

⌄ **마음열기** 우리 집에 있는 물건으로 빙고 게임을 해보아요.

⌄ **기도** 예수님과 함께했던 제자들은 예수님이 말씀을 풀이해 주셔서 얼마나 좋았을까요? 성령님, 우리도 말씀을 읽을 때 깨달아 알도록 인도해 주세요.

⌄ **찬송** 찬송가 115장

⌄ **말씀** 보혜사(保惠師) 곧 아버지께서 내 이름으로 보내실 성령 그가 너희에게 모든 것을 가르치시고 내가 너희에게 말한 모든 것을 생각나게 하시리라 요 14:26

옛날에는 종이가 귀했어요. 그래서 성경책도 아주 많이 귀했지요.
예수님이 이 땅에 오시기 전에 있었던 구약성경은 너무 귀해서,
대부분의 사람들이 가지고 있지도 못했어요.
그런 시대에 하나님의 말씀을 가르치던 사람을 선지자 또는 예언자라고 해요.
예언은 앞으로 일어날 일을 미리 말한다는 의미가 아니라,
'하나님의 말씀을 맡았다'는 의미예요.
선지자는 그 시대 사람들이 말씀대로 어떻게 살아야 하는지 전하는 역할을 했어요.

함께 따라해 볼까요?

"예수님은 / 하나님의 말씀을 / 정확하게 잘 전하는 / 선지자 역할을 하셨어요."

구약 시대 선지자들도 원죄와 자범죄가 있는 사람이었어요.
하나님의 말씀을 그 시대에 맞게 잘 적용하여 전한다 해도 부족함이 있었지요.

하지만 예수님은 어떠한 분인가요?

온전한 하나님이면서 사람이신 분이에요.
하나님이신 아들 예수님은 아버지 하나님의 말씀을 전하시는 데 부족함이 없었어요.

예수님은 제자들이 잘 몰랐던 구약성경의 의미를 정확하게 이야기해 주셨어요.
구약성경의 모든 예언이 예수님을 향하고 있음을 깨닫게 해주셨어요.
예수님이 친히 살아 있는 말씀으로 이 땅에 오심을 알려 주셨어요.

또 예수님은 성령님을 우리에게 보내 주셨어요.
예수님이 지금 이 순간 육신으로 우리와 함께하지는 못하지만,
성령님 안에서 하나님의 말씀을 깨달을 수 있도록 길을 만들어 주셨어요.
하나님 말씀의 비밀을 깨달아 알도록 지금도 우리와 함께하세요.

다시 한 번 따라해 볼까요?

"예수님은 / 하나님의 말씀을 / 정확하게 잘 전하는 / 선지자 역할을 하셨어요."

소요리문답

24문: 그리스도께서 선지자의 직분을 어떻게 행하십니까?

답: 그리스도께서는 선지자로서 우리를 구원하시려는 하나님의 뜻을 그분의 말씀과 성령으로 우리에게 계시하십니다.

마침기도

천사도 알기 원하는 하나님 말씀의 비밀을 우리에게 알려 주셔서 감사해요.
성령님 안에서 하나님 말씀을 깨달아 알고 전하는 우리 가정이 되게 해주세요.

chapter 25

예수님은 제사장의 일을
어떻게 행하시나요?

◡ **마음열기** 예수님의 제자들은 몇 명이었나요? 우리 가족은 몇 명이면 좋을까요?

◡ **기도** 예수님 혼자 우리의 모든 죄를 감당하셨어요. 혼자서 다. 그래서 우리 가족 모 두가 엄청 감사해요.

◡ **찬송** 찬송가 123장

◡ **말씀** 곧 우리가 원수 되었을 때에 그 아들의 죽으심으로 말미암아 하나님으로 더 불어 화목되었은즉 화목된 자로서는 더욱 그의 살으심을 인하여 구원을 얻 을 것이니라 롬 5:10

♡♡가 엄마 말을 안 들어 혼날 때, 어떻게 혼나나요?
손을 들고 벌을 서기도 하고, 반성문을 쓰기도 하나요?

아담 이후에 우리에게 찾아온 죄에 대한 결과는 '죽음'이었어요.
구약 시대에는 사람의 죄를 대신해 소나 양, 비둘기 등으로 대신 피를 흘리게 했어요.
제사장은 이런 제사를 드림으로써 하나님과 사람의 관계를 회복시키는 역할을 했지요.

함께 따라해 볼까요?

"예수님은 스스로 어린 양처럼 / 우리를 위해 피 흘리신 / 완벽한 제사장이세요."

구약 시대의 제사는 불완전했어요.
아무리 많은 소와 양, 비둘기를 잡아도
인간의 소중한 가치를 대신할 수 없었기 때문이에요.

하지만 예수님은 어떠신가요?

예수님은 하나님의 아들이세요.

영화로우신 하나님으로서 원죄를 지닌 사람들을 위해 죗값을 치르신 거예요.

이것은 너무 과한 대가였어요. 예수님이 홀로 감당하시고도 남을 만한 죗값이었어요.

예수님은 홀로 단번에 완벽한 제사를 드리셨어요.

그래서 더 이상의 피는 필요 없게 되었어요.

예수님을 믿음으로

우리의 죄가 예수님께 전가되어요.

예수님을 믿음으로

예수님의 의가 우리에게 전가되어요.

할렐루야!

다시 한 번 따라해 볼까요?

"예수님은 스스로 어린 양처럼 / 우리를 위해 피 흘리신 / 완벽한 제사장이세요."

소요리문답

25문: 그리스도께서 제사장의 직분을 어떻게 행하십니까?

답: 그리스도께서는 제사장으로서 단번에 자신을 제물로 드려 하나님의 공의를 만족시키시고 우리를 하나님과 화목하게 하셨으며, 또한 우리를 위하여 항상 간구하십니다.

마침기도

우리를 위해 십자가의 그 모진 고통을 이겨 내신 예수님, 사랑해요. 우리 가정이 믿음 안에서 화목한 가정이 되도록 인도해 주세요.

chapter 26

예수님은 왕의 일을 어떻게 행하시나요?

- ↻ **마음열기** "왕왕왕왕 나는 왕자다~♪" 찬양을 같이 불러 봐요.

- ↻ **기도** 저의 마음속 중심 자리를 예수님께 내어 드립니다. 저를 다스려 주세요.

- ↻ **찬송** 찬송가 125장

- ↻ **말씀** 때가 차매 하나님이 그 아들을 보내사 여자에게서 나게 하시고 율법 아래 나게 하신 것은 갈 4:4

우리나라에서 최고로 높은 사람은 누구지요?
바로 대통령이지요. 대통령은 5년마다 한 번씩 뽑아요.
대통령은 국민들을 보호하고 평화롭게 잘 살도록 통치해야 해요.
그러나 대통령이 욕심을 내서 죄를 짓고 감옥에 가는 경우도 있었어요.

이스라엘에는 왕이 있었어요.
왕은 하나님의 선택으로 되었어요. 죽을 때까지 섬겼지요.
왕은 하나님의 통치를 대신 보여 주며 백성들을 다스려야 했어요.
그러나 이스라엘의 왕들 중에는 욕심내어 하나님의 길을 가지 않은 왕들도 많았어요.
왕이 누구냐에 따라 백성들은 슬프기도 하고, 기쁘기도 했어요.

함께 따라해 볼까요?

"예수님은 / 우리를 하나님의 법으로 통치하시는 / 선한 왕이세요."

구약 시대의 왕은 하나님의 통치를 보여주는 데 실패했어요.
그런데, 하나님은 약속하셨던 완전한 왕을 보내 주셨어요.
그분이 바로 온 세상을 하나님의 법으로 통치하는 선한 왕이신 예수님이세요.

예수님은 선한 왕으로 우리 가운데 오셨어요.
우리 마음속 중심 자리를 예수님께 내어 드릴 때,
우리는 욕심의 길이 아닌 선행의 길로 갈 수 있어요.
죄의 길이 아닌 구원의 길로 갈 수 있어요.

예수님은 우리에게 성령님을 보내 주셔서 하나님의 말씀을 깨닫게 해주실 뿐만 아니라,
그 말씀에 순종하며 나아갈 수 있는 의지와 능력을 더하여 주세요.
죄에서 멀어질 수 있도록 이끌어 주세요.
참된 왕! 선한 왕! 예수님 만세!

다시 한 번 따라해 볼까요?

"예수님은 / 우리를 하나님의 법으로 통치하시는 / 선한 왕이세요."

소요리문답

26문: 그리스도께서 왕의 직분을 어떻게 행하십니까?

답: 그리스도께서는 왕으로서 우리를 자기에게 복종하게 하시고 우리를 다스리시고 보호하시며, 그분의 모든 원수들, 곧 우리 원수들을 제어하시고 정복하십니다.

마침기도

예수님을 우리 가정의 왕으로 모십니다. 우리 가정을 통치하시고 구원의 길로 인도하여 주세요.

chapter 27

예수님은 우리를 위해 어떻게 낮아지셨나요?

- ᴗ **마음열기** 가위바위보를 해서 진 사람에게 '안마 쿠폰'을 주세요.

- ᴗ **기도** 하나님의 아들 예수님이 낮아지신 놀라운 은혜를 더 깊이 알기 원해요.

- ᴗ **찬송** 찬송가 126장

- ᴗ **말씀** 때가 차매 하나님이 그 아들을 보내사 여자에게서 나게 하시고 율법 아래 나게 하신 것은 갈 4:4

♡♡가 아기였을 때 엄마, 아빠가 알아듣기 쉬운 말로 이야기해 주고,
♡♡가 좋아하는 놀이를 같이 해줬던 거 기억하나요?
♡♡를 엄청 사랑하기 때문에 눈높이에 맞추어 말하고 행동했었어요.

하나님의 아들 예수님은 온 세상과 우주를 통치하시던 분으로,
굳이 인간으로 이 땅에 오실 필요가 없으셨던 분이에요.
하지만 우리를 엄청 사랑하셔서 인간이 되기까지 낮아지셨어요.
예수님은 ♡♡를 구원하시기 위해 스스로 희생하셨어요.

함께 따라해 볼까요?

"예수님은 우리를 사랑하셔서 / 하나님의 아들에서 사람으로 낮아지셨어요."

그럼, 어떻게 낮아지셨을까요?
하나, 성육신하셨어요. 하나님께서 인간의 몸을 가지고 이 땅에 태어나신 거예요.
하나님의 영광과 권세를 버리고, 마구간에서 인간의 모습으로 태어나셨어요.

둘, 사람이 받는 고난과 마귀의 시험을 받으셨어요. 조롱, 핍박, 무시, 배신도 당하셨어요.
셋, 십자가에 죽으셨어요. 죄인 중에 괴수만 달리는 십자가 형벌을 직접 받으셨어요.
넷, 장사되셨어요. 3일 동안 무덤 속에서 죽음의 권세 아래 계셨어요.

이 모든 낮아지심을 왜 스스로 받으셨나요?
♡♡를 엄청 사랑하시기 때문이에요.
엄마, 아빠를 엄청 사랑하시기 때문이에요.
택하신 사람들을 구원하시기 위해서예요.

다시 한 번 따라해 볼까요?

"예수님은 우리를 사랑하셔서 / 하나님의 아들에서 사람으로 낮아지셨어요."

소요리문답

27문: 그리스도의 낮아지심이 무엇입니까?

답: 그리스도의 낮아지심은 그분이 강생(降生)하시되 그처럼 비천한 형편에 태어
나셨고 율법 아래 나셨으며, 이 세상에서 여러 가지 비참함을 겪다가 하나님
의 진노와 십자가의 저주의 죽음을 받으셨고, 장사되셔서 얼마 동안 죽음의 권
세 아래 거하신 것입니다.

마침기도

우리를 사랑하시되, 하나님이 스스로 낮아지시기까지 사랑해 주셔서 감사해
요. 우리도 예수님처럼 낮은 곳에서 섬길 수 있게 해주세요.

chapter 28

예수님은 우리를 위해
어떻게 높아지셨나요?

⌣ **마음열기** 하늘이나 거실을 배경으로 멋진 사진을 찍어 보아요.

⌣ **기도** 예수님께서 우리 때문에 죽으신 채로 계속 계셨다면, 우리는 소망도 없고 너무 마음이 아팠을 거예요. 죽음을 이기시고 부활하신 예수님! 감사해요.

⌣ **찬송** 찬송가 135장

⌣ **말씀** 가로되 갈릴리 사람들아 어찌하여 서서 하늘을 쳐다보느냐? 너희 가운데서 하늘로 올리우신 이 예수는 하늘로 가심을 본 그대로 오시리라 하였느니라 행 1:11

♡♡야, 아주 기쁜 소식이 있어요.
우리를 위해 십자가에 달려 비참하게 돌아가신 예수님이
3일 만에 죽음을 이기시고 다시 살아나셨어요! 할렐루야!

부활로 인해서 예수님은 다시 원래의 영화로우신 자리로 돌아가셨어요.
예수님이 다시 높아지신 거예요.

함께 따라해 볼까요?

"예수님이 죽음을 이기시고 / 3일 만에 다시 살아나셨어요."

예수님의 부활은 우리의 소망이에요.
그럼, 어떻게 부활하시어 높아지셨나요?
하나, 죽음을 이기시고 다시 살아나심으로 높아지셨어요.
둘, 하늘로 올라가심으로 높아지셨어요.
셋, 하나님의 보좌 우편에 앉으심으로 높아지셨어요.

넷, 심판자가 되심으로 높아지셨어요.

예수님은 심판자로 다시 오실 거예요.
그때, 예수님을 주인으로 모시고 예수님을 따랐던 사람에게는 영원한 생명을 주실 거예요.
하지만 그렇지 않은 사람에게는 영원한 형벌이 남아 있어요.

우리를 사랑하셔서 십자가 형벌을 마다하지 않으신 예수님께서
죽음 가운데 머물지 않으시고 다시 살아나심이 너무 기뻐요.
♡♡와 우리 가족도 예수님의 부활에 참여한 자로 함께함에 감사해요.

다시 한 번 따라해 볼까요?
"예수님이 죽음을 이기시고 / 3일 만에 다시 살아나셨어요."

소요리문답

28문: 그리스도의 높아지심이 무엇입니까?

 답: 그리스도의 높아지심은 그분이 사흘날에 죽은 자들 가운데서 부활하셨고, 하늘에 오르셨고, 성부 하나님 우편에 앉아 계시며, 마지막 날에 세상을 심판하러 오시는 것입니다.

마침기도

우리를 위하여 죽음에 머물러 계시지 않으시고 높아지신 예수님의 크신 은혜가 놀라워요. 예수님의 높아지심처럼, 우리도 부활의 소망을 갖게 해주셔서 감사드려요.

chapter 29

오래전 예수님의 사역이 지금 나에게 어떻게 영향을 미치나요?

- **마음열기** 우리 동네는 옛날에는 ○이었어요. (예: 산, 논, 밭)

- **기도** 약 2,000년 전에 이 땅에 오신 예수님이시지만, 예수님이 하신 일을 성령님을 통해 저에게도 알려 주셔서 감사해요.

- **찬송** 찬송가 144장

- **말씀** 그가 내게 일러 가로되 여호와께서 스룹바벨에게 하신 말씀이 이러하니라 만군의 여호와께서 말씀하시되 이는 힘으로 되지 아니하며 눈으로 되지 아니하고 오직 나의 신으로 되느니라 슥 4:6

한글은 누가 만들었나요?
맞아요. 세종대왕이 만들었어요.
한문을 배우기 어려워 글을 모르던 백성들을 위해 세종대왕이 여러 학자들을 모아 연구한 끝에 만든 것이 한글이에요. 1443년에 만들어진 한글은 지금까지도 우리가 사용하는 아주 훌륭한 발명품이에요.

그럼 약 2,000년 전에 일어난 예수님의 십자가 사건은 어떻게 ♡♡에게 영향을 줄까요?
바로 성령님으로 인해 예수님의 십자가가 지금 ♡♡와 우리 가족에게 영향을 주어요.

함께 따라해 볼까요?
"예수님께서 약속하신 성령님 때문에 / 지금 이 시간에도 우리는 / 회개하고 구원받을 수 있어요."

그러면 구원은 어떻게 이루어질까요?
구원은 삼위 하나님의 사역이에요.

성부 하나님은 구원을 계획하시고,
성자 하나님은 구원을 실행하시고,
성령 하나님은 구원을 적용시켜 주세요.

예수님은 약속하신 성령님을 보내 주셨어요.
성령 하나님은 시간과 공간의 제약을 받지 않으시고 우리 안에 영으로 계세요.
누구든지 예수님이 하신 일을 들을 때 믿을 수 있는 믿음을 주세요.
죄를 깨닫게 해주시고 잘못을 인정하는 회개의 마음을 주세요.
지금 이 순간에도 성령 하나님은 ♡♡와 함께하고 계세요.

다시 한 번 따라해 볼까요?

"예수님께서 약속하신 성령님 때문에 / 지금 이 시간에도 우리는 / 회개하고 구원받을 수
있어요."

소요리문답

29문: 우리가 어떻게 그리스도의 값 주고 사신 구속(救贖)에 참여하는 사람이 됩니
까?

답: 그리스도의 성령께서 그 구속을 우리에게 효력 있게 적용하여 주심으로 우리
는 그리스도의 값 주고 사신 구속에 참여하는 사람이 됩니다.

마침기도

성령 하나님을 ♡♡와 우리 가족에게 보내 주셔서 감사해요. 욕심부리거나
죄를 지을 때, 잘못을 회개하고 하나님이 기뻐하시는 일을 하며 살아가는
♡♡와 우리 가족 되게 해주세요.

chapter 30

성령님은 예수님의 구원 사역을 어떻게 나에게 적용시킬 수 있나요?

- **마음열기** 목 뒤에 손가락을 찍고 어느 손가락으로 찍었는지 맞추는 놀이를 해요.

- **기도** ♡♡와 우리 가족에게도 성령님을 보내 주셔서 감사해요. 우리 가족에게 예수님을 믿는 믿음을 허락해 주셔서 감사해요.

- **찬송** 찬송가 180장

- **말씀** 나는 포도나무요 너희는 가지니 저가 내 안에 내가 저 안에 있으면 이 사람은 과실을 많이 맺나니 나를 떠나서는 너희가 아무것도 할 수 없음이라 요 15:5

♡♡는 아이스크림을 좋아하나요?
아주 맛있게 생긴 아이스크림이라도,
입으로 한 입 베어 물어야 그 맛을 제대로 알 수 있어요.
바라만 보고 있다고 아이스크림 맛을 아는 것은 아니지요?
냄새만 맡는다고 아이스크림 맛을 아는 것은 아니지요?

예수님을 믿는 믿음도 마찬가지예요.
예수님의 이름을 들어 봤다고 예수님을 믿는 것은 아니에요.
예수님 이야기를 안다고 예수님을 믿는 것은 아니에요.
예수님 말씀을 다 외우고 있다고 예수님을 믿는 것은 아니에요.
바로 예수님의 구원 사역을 믿고 의지해야 예수님을 믿는 거예요.

함께 따라해 볼까요?

"예수님을 믿는 믿음은 / 성령님의 선택을 통해서 / 나에게 주어져요."

그렇다면 누구나 성경을 통해 예수님을 알 때 믿음의 선물을 받게 되나요?
아니에요. 어떤 사람들은 의심해요. 어떤 사람은 말도 안 되는 일이라고 무시해요.
오직 성령님에 의해 선택된 사람만이 성경이 하나님의 말씀이라는 사실을 믿을 수 있고,
예수님이 우리를 위해 십자가에 달려 돌아가셨다는 사실을 믿을 수 있어요.
또한 예수님을 나의 주님으로 영접하고 구원받는 믿음을 소유할 수 있지요.
오직 성령님이 선택한 사람들만이요.

성령님은 ♡♡ 안에서 살아 계세요.
이 성령님이 ♡♡ 안에서 하나님의 말씀을 깨달을 수 있도록 도와주세요.
이 성령님이 ♡♡ 안에서 끝까지 책임지고 인도해 주세요.

다시 한 번 따라해 볼까요?

"예수님을 믿는 믿음은 / 성령님의 선택을 통해서 / 나에게 주어져요."

소요리문답

30문: 그리스도의 값 주고 사신 구속을 성령께서 우리에게 어떻게 적용하십니까?
  답: 성령께서는 우리를 효력 있는 부르심으로 부르셔서 우리 안에 믿음을 일으켜
  주시고 그리스도와 연합하게 하심으로 그리스도의 값 주고 사신 구속을 우리
  에게 적용하여 주십니다.

마침기도

♡♡와 우리 가족에게 성령님을 보내 주셔서 감사해요. 영원한 생명을 누릴
수 있도록 인도해 주셔서 감사해요. 우리를 책임져 주셔서 감사해요.

chapter 31

우리는 어떻게 믿음을 가지게 되었을까요?

ↄ **마음열기** 나는 철장에 갇혀 있어요. 천사처럼 날개가 있어요. 나는 누구일까요? (답: 선풍기)

ↄ **기도** 성령님, 저는 하나님을 잘 믿고 있나요? 깨달을 수 있도록 도와주세요.

ↄ **찬송** 찬송가 182장

ↄ **말씀** 또 새 영을 너희 속에 두고 새 마음을 너희에게 주되 너희 육신에서 굳은 마음을 제하고 부드러운 마음을 줄 것이며 또 내 신을 너희 속에 두어 너희로 내 율례를 행하게 하리니 너희가 내 규례를 지켜 행할지라 겔 36:26-27

깜깜한 밤만 계속된다면 밤이 어둡다는 사실을 알지 못할 거예요.
그러면 ♡♡는 밤이 어둡다는 사실을 어떻게 알 수 있을까요?
맞아요. 환한 낮이 있기 때문에 밤이 어둡다는 사실을 알 수 있어요.

마찬가지로, 죄로만 가득 찬 어두운 세상에 살면서는 죄를 깨닫지 못해요.
그러면 누가 죄를 깨닫게 해주셨을까요?
빛으로 ♡♡ 가운데 찾아오신 성령님이 깨닫게 해주셨어요.

함께 따라해 볼까요?

"성령님이 우리의 죄를 깨닫게 해주셔서 / 믿음의 길로 인도해 주셨어요."

성령님이 깨닫게 하지 않으셨다면 어떻게 되었을까요?
사람들은 죄가 죄인 줄도 모르고 자기 마음대로 살았을 거예요.
하나님을 알지 못하고 믿음을 갖지도 않았을 거예요.
하나님을 알고 싶은 마음은 스스로는 절대로 가질 수 없기 때문이에요.

이런 죄 가운데 있는 우리를 성령님이 선택하시고 부르신 거예요.

성령님의 부르심 때문에 우리는 알게 되었어요.
우리가 얼마나 짙은 어두움 가운데 있었는지를요.
우리가 얼마나 비참한 상태에 있었는지를요.
우리가 얼마나 진노 가운데서 부르짖고 있었는지를요.

♡♡와 우리 가족을 부르시고 빛을 비추셔서 죄를 깨닫게 하시고
예수님을 믿어 구원을 얻게 하셨어요.

다시 한 번 따라해 볼까요?

"성령님이 우리의 죄를 깨닫게 해주셔서 / 믿음의 길로 인도해 주셨어요."

소요리문답

31문: 효력 있는 부르심이 무엇입니까?

답: 효력 있는 부르심은 하나님의 성령께서 하시는 일로서, 우리의 죄와 비참함을 깨닫게 하시고, 우리의 마음을 밝게 하여 그리스도를 알게 하시고, 우리의 의지를 새롭게 하셔서, 우리로 하여금 복음 가운데 값없이 주시는 예수 그리스도를 영접하도록 우리를 설복(說服)하여 믿게 하시는 것입니다.

마침기도

♡♡와 우리 가족을 부르셔서 죄를 깨닫게 하시고 예수님을 믿음으로 구원을 얻게 하신 성령 하나님 감사해요. 우리 안에 계신 성령님을 더욱 의지하게 해주세요.

chapter 32

성령 하나님의 부르심을 받은 자들은 어떤 유익을 얻게 되나요?

- ⌣ **마음열기** ♡♡가 받고 싶은 생일 선물은 무엇인가요? 왜 그것을 받고 싶은가요?

- ⌣ **기도** 성령 하나님, 내 안에 계셔 주셔서 감사해요.. 저와 우리 가정을 콕 집어 선택해 주셔서 감사해요.

- ⌣ **찬송** 찬송가 185장

- ⌣ **말씀** 그 기쁘신 뜻대로 우리를 예정하사 예수 그리스도로 말미암아 자기의 아들들이 되게 하셨으니 엡 1:5

아빠, 엄마가 결혼하고 받은 최고의 선물이 뭔 줄 아나요?

바로 ♡♡예요.

좋은 가전제품도, 값비싼 보석도, 향기로운 꽃도 아니에요.

♡♡야말로 세상 어느 것과도 바꿀 수 없는 최고의 선물이에요.

하나님이 엄마, 아빠에게 ♡♡를 맡겨 주셨어요.

그럼, 성령 하나님께서 우리를 부르셔서 주신 최고의 선물은 무엇일까요?

죄인이라는 사실을 깨닫게 하신 것일까요?

성경을 깨닫게 해주신 것일까요?

예수님의 구원 사역을 믿을 수 있는 믿음을 주신 것일까요?

모두 좋은 선물이지만, 최고의 선물은 바로 '하나님의 자녀'가 되게 해주신 거예요.

함께 따라해 볼까요?

"성령 하나님의 부르심으로 / 나는 하나님의 자녀가 되었어요."

우리가 착한 일을 해서 하나님의 자녀가 되었나요?
우리가 똑똑해서 하나님의 자녀가 되었나요?
우리가 멋지고 예뻐서 하나님의 자녀가 되었나요?

아니에요. 원래 우리는 죄에 빠진 어둠의 종이었어요.
그런데 성령 하나님께서 우리를 불러 주셨어요.
죄를 깨닫게 하시고 회개하게 해주셨어요.
예수님을 믿는 믿음 안에서 우리를 용서해 주시고 의롭다고 해주셨어요.
그리고 우리를 '하나님의 자녀'로 삼아 주셨어요.
죄의 종에서 하나님의 아들과 딸이 된 거예요. 할렐루야!

다시 한 번 따라해 볼까요?

"성령 하나님의 부르심으로 / 나는 하나님의 자녀가 되었어요."

소요리문답

32문: 효력 있는 부르심을 받은 사람들이 이생에서 무슨 유익을 얻습니까?

답: 효력 있는 부르심을 받은 사람들은 이생에서 의롭다 하심과 양자(養子)로 삼으심과 거룩하게 하심을 얻고, 또한 그것들과 함께 오거나 그것들에서 나오는 유익을 얻습니다.

마침기도

죄의 종이었던 ♡♡와 우리 가족을 하나님의 자녀로 삼아 주셔서 감사해요. 하나님이 주신 풍성함도 누리고, 점점 더 예수님을 닮아가는 ♡♡와 우리 가족이 되게 인도해 주세요.

chapter 33

왜 우리를
의롭다고 하시나요?

- **마음열기** 가위바위보 하나 빼기를 해보아요.

- **기도** 저와 우리 가족 모두 예수님이 주신 의를 힘입어 예수님을 닮아가기 원해요.

- **찬송** 찬송가 191장

- **말씀** 그리스도 예수 안에 있는 구속(救贖)으로 말미암아 하나님의 은혜로 값없이 의롭다 하심을 얻은 자 되었느니라 롬 3:24

법원은 어떤 일을 하는 곳일까요?

법원은 죄를 지은 사람을 재판하는 곳이에요.

재판에는 죄인의 죄를 고발하는 검사도 있고, 죄인의 죄를 감싸 주는 변호사도 있는데,

제일 높은 사람이 죄를 판결하는 판사, 곧 재판관이에요.

죄가 클수록 큰 형벌을 받는데, 가장 큰 형벌은 사형이에요.

하나님은 온 우주의 재판관이세요.

하나님은 아담과의 언약을 통해 선악과를 따 먹는 사람에게는 사망을 내릴 거라고 말씀하

셨어요. 아담은 언약을 어김으로 사형선고를 받게 되었어요.

아담뿐만 아니라 아담 이후의 모든 사람은 사형선고를 피할 수 없어요.

함께 따라해 볼까요?

"하나님은 예수님을 믿는 모든 자들에게 / 죄가 없고 의롭다고 해주셨어요."

예수님은 ♡♡의 사형선고를 대신 담당해 주셨어요.

뿐만 아니라, 예수님을 믿는 모든 사람에게 예수님의 의로 옷 입혀 주셨어요.
예수님은 죗값을 담당하시고, 믿음을 가진 ♡♡에게 의로움을 주신 거예요.

♡♡가 착한 일을 많이 해서 그러셨나요?
아니에요. 오직 예수님을 잘 믿는 믿음 때문에 그러신 거예요.
재판관이신 하나님이 법정에서 선언하셨어요.
예수님이 죗값을 다 지불하셨고, ♡♡와 우리 가족 모두 믿음으로 의롭게 되었다고요.

이 의롭다 함은 우리의 힘으로 얻을 수 있는 게 아니에요.
오직 은혜로, 믿음으로 우리에게 주어진 거예요.
놀라운 이 은혜를 항상 찬양하는 우리 가족이 되어요.

다시 한 번 따라해 볼까요?

"하나님은 예수님을 믿는 모든 자들에게 / 죄가 없고 의롭다고 해주셨어요."

소요리문답

33문: 의롭다 하심이 무엇입니까?

　답: 의롭다 하심은 하나님께서 값없이 주시는 은혜의 행위이고, 이로써 그분이 우리의 모든 죄를 용서하시고 우리를 자기 앞에서 의롭다고 여겨 주십니다. 이것은 오직 그리스도의 의를 우리에게 돌려주시는 일이고, 우리는 오직 믿음으로 받습니다.

마침기도

죄인이었던 ♡♡와 우리 가족을 예수님을 믿는 믿음 안에서 의롭다고 칭해주셔서 너무 감사해요. 놀라운 하나님의 은혜를 잊지 않고, 은혜를 베푸는 ♡♡와 우리 가족이 되게 해주세요.

---

chapter 34

우리는 어떻게
하나님의 자녀가 되었을까요?

- **마음열기** '하나님의 자녀' 통을 준비하여 이름을 적은 종이를 통에 넣는 놀이를 해요.

- **기도** 하나님 아버지, 저랑 엄마, 아빠, 우리 가족 모두 하나님의 자녀 삼아 주셔서 감사해요.

- **찬송** 찬송가 197장

- **말씀** 영접하는 자 곧 그 이름을 믿는 자들에게는 하나님의 자녀가 되는 권세를 주셨으니 요 1:12

♡♡에게 옷이 필요해요. 누가 사 주셨나요?
♡♡에게 음식이 필요해요. 누가 만들어 주셨나요?
♡♡에게 배움이 필요해요. 누가 배울 수 있도록 인도해 주셨나요?
바로, 엄마, 아빠, 할머니, 할아버지예요. 사랑하는 가족이 ♡♡의 필요를 채워 주었어요.

그러면, 하나님 아버지는 어떠실까요?
예수님을 믿는 믿음 안에서 우리 죄를 용서하시고
의롭다고 여기셨을 뿐 아니라
우리를 양아들, 양딸로 삼아 주셨어요.
하나님의 자녀가 되는 특권을 주신 거예요.

함께 따라해 볼까요?

"하나님은 믿는 우리를 / 하나님의 양자로 삼아 주시고 / 하나님 자녀 됨의 특권을 주셨어요."

믿음 안에서 ♡♡의 신분이 바뀌었어요.
믿음 안에서 ♡♡는 하나님의 자녀가 되었어요.
믿음 안에서 ♡♡는 하나님의 자녀가 되는 특권을 누리게 되었어요.

이 특권은 무엇일까요?
하나, 하나님을 "아버지"라고 부르게 되었어요.
둘, 하나님 아버지께 예수님의 이름으로 소원을 말할 수 있게 되었어요.
셋, 잘못했을 때 징계를 통해 다시 말씀 안에 거할 수 있게 되었어요.
넷, 성령님을 통해 이 세상을 이길 힘을 공급받고, 위로와 인도를 받게 되었어요.

이런 특권을 가진 하나님의 자녀로서
♡♡와 우리 가족 모두 하나님 아버지를 자주 부르고, 하나님과 동행하는 가정이 되어요.

다시 한 번 따라해 볼까요?

"하나님은 믿는 우리를 / 하나님의 양자로 삼아 주시고 / 하나님 자녀 됨의 특권을 주셨어요."

소요리문답

34문: 양자로 삼으심이 무엇입니까?

　답: 양자로 삼으심은 하나님께서 값없이 주시는 은혜의 행위이고, 이로써 우리가 하나님의 자녀의 수에 들게 되고 자녀의 모든 특권을 누릴 수 있게 됩니다.

마침기도

하나님 아버지! 사랑합니다! 우리를 자녀 삼아 주시고 책임져 주셔서 감사해요. 하나님 아버지께 더욱 가까이 나아가 기도하며 하나님을 더 많이 알기 원해요.

chapter 35

죄로 파괴된 하나님의 형상은 어떻게 회복될까요?

- **마음열기** 상대방과 마주 보고 서서 서로의 손바닥을 밀어 상대방을 넘어뜨리는 게임을 해보아요.

- **기도** 믿음으로 우리를 의롭게 여겨 주셔서 감사해요. 그런데 저는 여전히 죄를 지어요. 주님, 어떡하죠? 불쌍히 여겨 주세요.

- **찬송** 찬송가 199장

- **말씀** 그런즉 누구든지 그리스도 안에 있으면 새로운 피조물이라 이전 것은 지나갔으니 보라 새것이 되었도다 고후 5:17

갓 태어난 아기가 걸을 수 있나요?

아니에요. 두 발로 걸으려면 적어도 1년의 시간이 필요해요.

누워만 있던 아기가 몸을 뒤집고, 배를 밀며 기다가, 팔다리를 이용해서 네 발로 기고, 두 발로 걷게 되는 거예요. 하지만, 처음부터 잘 걷는 것은 아니에요. 한두 발 걷다가 넘어지고 또 넘어지다가, 어느 날부터 능숙하게 두 발로 걸을 수 있게 되는 거지요.

예수님을 믿게 되었다고 우리가 다시는 죄를 짓지 않게 되었나요?

아니에요. 믿음 때문에 의롭다고 칭함(칭의)을 받았지만, 우리에게는 여전히 욕심, 시기, 질투 등이 있어요. 거룩한 모습과는 거리가 먼 상태지요.

하지만 성령님께서는 날마다 우리 죄를 깨닫게 하시고, 회개하게 하시고,

점점 예수님처럼 변화시켜 주세요. 이것을 '성화'라고 해요.

함께 따라해 볼까요?

"하나님의 자녀들은 / 날마다 죄를 깨닫고 회개함으로 / 예수님을 더욱 닮아가요."

'칭의'와 마찬가지로 '성화'도 하나님의 은혜예요. 사람의 의지와 힘으로 되지 않아요.
성령님께서 우리 안에 계셔서 죄를 미워하고 의를 추구하게 도와주세요.
다시 죄를 지어도 깨닫게 도와주시고 회개할 수 있도록 인도해 주세요.
원래 하나님이 사람을 만드신 모습으로 회복시켜 주세요.
전인격적으로 변화되도록 이끌어 주세요.
새 사람이 되게 해주세요.

이 모든 변화가 전적인 하나님의 은혜로 이루어지는 '성화'예요.

다시 한 번 따라해 볼까요?

"하나님의 자녀들은 / 날마다 죄를 깨닫고 회개함으로 / 예수님을 더욱 닮아가요."

소요리문답

35문: 거룩하게 하심이 무엇입니까?

답: 거룩하게 하심은 하나님께서 값없이 주시는 은혜의 행위이고, 이로써 우리가 하나님의 형상을 좇아 온전히 새 사람이 되고, 점점 더 죄에 대하여 죽고 의에 대하여 살게 됩니다.

마침기도

하나님의 자녀임에도 불구하고 여전히 죄를 짓는 우리 모습 때문에 괴로웠어요. 그런데, '성화' 되어 가는 과정임을 알려 주셔서 감사해요. 우리를 보면 소망이 없지만, 우리를 인도하시는 성령님 안에서 소망을 가져요. ♡♡와 우리 가족 모두 예수님을 닮아가게 해주세요. 거룩한 하나님의 자녀로 세상의 빛이 되게 해주세요.

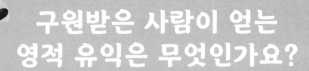

chapter 36

구원받은 사람이 얻는 영적 유익은 무엇인가요?

⌣ **마음열기** 넌센스 퀴즈: 손이 3개였던 사람은? (답: 삼손)

⌣ **기도** 하나님의 구원을 생각하면 기분이 좋아요. 저와 우리 가족을 새 사람으로 만들어 주셔서 감사합니다.

⌣ **찬송** 찬송가 200장

⌣ **말씀** 그러므로 우리가 믿음으로 의롭다 하심을 얻었은즉 우리 주 예수 그리스도로 말미암아 하나님으로 더불어 화평을 누리자 롬 5:1

♡♡는 모세를 기억하나요?
이집트의 왕 바로는 유대인들이 많아지는 것이 무서웠어요.
그래서 갓난아기를 죽이라는 명령을 내렸지요. 이때 모세가 태어났어요.
모세의 어머니는 아기 모세를 바구니에 담아 나일강에 떠내려 보냈어요.
마침 나일강에 와 있던 이집트 공주에게 발견된 모세는 공주의 양아들이 되었어요.
모세는 왕자로 모든 혜택을 누리며 자랐답니다.

함께 따라해 볼까요?

"하나님은 우리를 양아들로 선택하셔서 / 많은 혜택을 누리게 하셨어요."

♡♡도 모세처럼 하나님 나라의 왕자와 공주로 선택을 받았어요.
하나님께 선택받은 왕자와 공주는 어떤 혜택을 누릴까요?

하나, 하나님께 선택받은 ♡♡를 의롭다고 말씀해 주세요.
우리는 예수님을 믿는 믿음으로 의롭다고 칭함받게 되었어요. 죽음에서 영생으로 인생이 바뀌었어요. 오직 '믿음'으로 큰 혜택을 누리게 되었어요.

둘, 하나님께 선택받은 ♡♡를 하나님의 아들과 딸로 받아들여 주셨어요.
원래는 ♡♡ 안에 있는 '죄' 때문에 하나님과 원수 된 자였지만, 하나님을 "아빠", "아버지"
라고 부를 수 있게 되었어요. 가장 크신 왕이 우리 아버지가 되어 주셨어요.

셋, 하나님께 선택받은 ♡♡가 거룩한 성품으로 변화되도록 이끌어 주세요.
우리의 죄의 성향은 하루아침에 없어지지 않아요. 하지만 성령님께서 우리를 거룩함으로
인도하여 주세요.

넷, 하나님께 선택받은 ♡♡에게 구원에서 멀어지지 않는 믿음을 주세요. 우리는 구원을 받
았지만 때때로 실수하여 죄를 짓기도 해요. 하지만 그때마다 하나님께서 회개할 수 있는 은
혜를 주셔서 끝까지 믿음 안에 거하도록 도와주세요.

다시 한 번 따라해 볼까요?

"하나님은 우리를 양아들로 선택하셔서 / 많은 혜택을 누리게 하셨어요."

소요리문답

36문: 의롭다 하심과 양자로 삼으심과 거룩하게 하심과 함께 오거나 그것들에서 나
　　　오는 이생의 유익은 무엇입니까?
　답: 의롭다 하심과 양자로 삼으심과 거룩하게 하심과 함께 오거나 그것들에서 나
　　　오는 이생의 유익은 하나님의 사랑을 확신함과 양심의 평안과 성령 안에서 누
　　　리는 기쁨과 은혜의 많아짐과 은혜 가운데서 끝까지 견디는 것입니다.

마침기도

모세가 공주의 아들이 된 것보다 더 큰 은혜를 ♡♡와 우리 가족에게 베풀
어 주셔서 감사해요. 주님을 기쁘시게 하는 자녀로 자라도록 인도해 주세요.

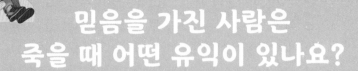

chapter 37

믿음을 가진 사람은
죽을 때 어떤 유익이 있나요?

⌣ **마음열기** "나처럼 해봐요. 이렇게~"를 부르며 '엄마 행동 따라하기'를 해보아요.

⌣ **기도** 우리 가족을 택해 주시고 하나님 자녀 삼아 주셔서 감사해요. 오래오래 주님과 동행하게 해주세요.

⌣ **찬송** 찬송가 202장

⌣ **말씀** 우리가 예수의 죽었다가 다시 사심을 믿을진대 이와 같이 예수 안에서 자는 자들도 하나님이 저와 함께 데리고 오시리라 _살전 4:14_

♡♡가 가장 무서워 하는 건 뭔가요?

천둥, 번개, 어두움?

아마 가족 중에 누군가가 아플 때 가장 걱정되고 무서울 거예요.

할아버지, 할머니가 돌아가신 친구들도 있지요?

사람은 누구나 '죽음'을 맞이해요.

하지만 무서워하지 마세요.

'죽음'조차도 하나님의 은혜를 막지는 못해요.

함께 따라해 볼까요?

"믿는 사람은 죽어도 / 예수님처럼 영광스러운 상태가 되어요."

하나님의 자녀들도 이 땅에서 살다가 언젠가 죽어요.

어느 누구도 죽음의 터널을 피할 수 없어요.

그러나 예수님을 믿는 사람들은 죽음을 통해 삶을 잃어버리는 것이 아니에요.
삶을 완성하는 것이지요.

하나님의 자녀들의 죽음은 치열한 전쟁을 끝내는 것과 같아요.
이 땅에서는 죄의 유혹과 늘 싸우고 이겨내야 했어요.
죽음 이후에 우리의 육신은 땅에 묻히지만, 우리의 영혼은 예수님과 함께하는 영광의 상태가 되어요. 긴 싸움을 마치고 승리의 면류관을 쓰게 되지요.
하나님의 온전하심을 알게 되고 완전한 거룩함의 선물을 받게 되어요.

하나님의 자녀들에게 죽음은 은혜예요.
하나님의 자녀들에게 죽음은 축복이에요.

다시 한 번 따라해 볼까요?

"믿는 사람은 죽어도 / 예수님처럼 영광스러운 상태가 되어요."

소요리문답

37문: 신자가 죽을 때에 그리스도에게서 무슨 유익을 받습니까?
답: 신자는 죽을 때에 그의 영혼이 완전히 거룩하게 되어 즉시 영광에 들어가고, 그의 몸은 여전히 그리스도에게 연합되어 부활할 때까지 무덤에서 쉽니다.

마침기도

하나님, 저는 이제 더 이상 죽음이 두렵지 않아요. 죽음이 끝이 아니라 예수님과 연합하여 거룩하게 되는 길임을 알게 해주셔서 감사해요. 그때까지 이 땅에서도 성령님과 잘 동행하며 살게 해주세요.

chapter 38

신자는 부활할 때
어떤 유익이 있나요?

ᐁ **마음열기** 좋아하는 동물을 그려 보아요.

ᐁ **기도** 예수님이 부활하신 것이 정말 기뻐요. 우리도 예수님처럼 부활한다는 사실이
정말 놀라워요.

ᐁ **찬송** 찬송가 205장

ᐁ **말씀** 그 후에 우리 살아남은 자도 저희와 함께 구름 속으로 끌어올려 공중에서
주를 영접하게 하시리니 그리하여 우리가 항상 주와 함께 있으리라 살전 4:17

엄청 달고 맛있는 사과를 먹어 본 적 있나요?
아름드리 큰 나무를 본 적 있나요?
맛있는 사과도, 엄청 큰 나무도 아주 작은 씨앗에서 태어나요.
씨앗은 땅 속에 묻혀야 해요. 죽은 듯 보이지만 그래야 싹이 틀 수 있어요.
씨앗이 땅 속에 묻히지 않고 길가에 떨어지면 말라서 싹이 틀 수 없어요.

예수님을 믿는 사람의 죽음도 마찬가지예요.
예수님을 믿는 사람이 죽으면 몸은 땅 속에서 썩지만, 영혼은 예수님과 함께해요.
그리고 예수님이 이 땅에 다시 오실 때 우리 몸도 다시 살아나지요.

함께 따라해 볼까요?

"예수님 믿는 사람들은 / 예수님이 다시 오실 때 / 죽음을 이기고 부활해요."

어떤 사람들은 죽음을 끝이라고 말하기도 해요.
하지만 우리 몸은 예수님이 약속대로 이 땅에 다시 오시는 날 부활해요.

모든 사람은 부활의 몸으로 심판대 앞에 서게 되어요.
그리고 심판 이후에 삶은 영원히 계속되어요.
우리는 믿음으로 유죄, 무죄 판결을 받아요.

예수님을 믿는 자들의 몸과 영혼은 부활하여,
예수님과 함께 고통도 눈물도 없는 영원한 기쁨을 누리게 되어요.
무죄 판결을 받고 영원한 자유를 누리게 되어요.
이 땅에서 경험하지 못했던 행복을 누리게 되어요.
사자들, 양, 어린이들이 함께 뛰어노는 모습을 보게 되어요.

다시 한 번 따라해 볼까요?

"예수님 믿는 사람들은 / 예수님이 다시 오실 때 / 죽음을 이기고 부활해요."

소요리문답

38문: 신자가 부활할 때에 그리스도에게서 무슨 유익을 받습니까?

답: 신자는 부활할 때에 영광 중에 일으킴을 받고, 심판 날에 공적으로 인정되고 죄 없다 함을 얻으며, 영원토록 하나님을 충만하게 즐거워하면서 완전한 복을 누릴 것입니다.

마침기도

예수님이 부활하셨듯이 우리도 부활하게 해주셔서 감사해요. 영원히 하나님과 즐거워하며 행복해할 날을 소망해요. 이 좋은 소식을 널리 전할래요.

chapter 39

하나님께서 사람에게
원하는 것은 무엇일까요?

마음열기 ♡♡가 성경에 나오는 사람 중에서 닮고 싶은 사람은 누구인가요? 왜 닮고 싶은가요?

기도 하나님 아버지, 우리를 향한 하나님의 마음을 알고 싶어요. 우리에게 원하시는 것이 무엇인지 알려 주세요.

찬송 찬송가 210장

말씀 사람아 주께서 선한 것이 무엇임을 네게 보이셨나니 여호와께서 네게 구하시는 것이 오직 공의를 행하며 인자를 사랑하며 겸손히 네 하나님과 함께 행하는 것이 아니냐? 미 6:8

♡♡는 아빠와 엄마가 어떻게 만났는지 아나요?
하나님이 인도해 주셔서 아빠와 엄마가 만났어요.
그리고 서로 사랑했지요.
하지만 두 사람 중 한쪽만 사랑하고 한쪽은 사랑하지 않았다면 어떻게 됐을까요?
♡♡는 이 세상에 나오기 힘들었을 거예요.

사랑하면 상대방에게 가장 유익한 것을 주고 싶어요.
사랑하면 상대방이 원하는 것을 알고 싶어요.
사랑하면 상대방이 원하는 것을 선물해 주고 싶어요.

함께 따라해 볼까요?

"하나님께서 우리에게 원하시는 것은 / 하나님의 뜻대로 사는 거예요."

♡♡를 가장 사랑하시는 분은 하나님이에요.

하나님은 ♡♡에게 가장 유익한 것을 주고 싶어 하세요.
♡♡는 하나님이 원하시는 것이 무엇인지 알고 싶지 않나요?
♡♡는 하나님이 원하시는 것을 선물해 드리고 싶지 않나요?

하나님께서 무엇을 원하시는지,
그리고 ♡♡와 우리 모두에게 가장 유익한 것이 무엇인지,
우리는 성경책을 통해 알 수 있어요.

하나님은 성경책을 통해 우리가 어떻게 사랑해야 하는지 알려 주세요.
하나님은 성경책을 통해 하나님이 얼마나 우리를 사랑하시는지 보여 주셨어요.
성경책에 드러난 하나님의 뜻대로 살아가며 하나님께 영광 돌리는 우리가 되어요.

다시 한 번 따라해 볼까요?

"하나님께서 우리에게 원하시는 것은 / 하나님의 뜻대로 사는 거예요."

소요리문답

39문: 하나님께서 사람에게 요구하시는 본분이 무엇입니까?
  답: 하나님께서 사람에게 요구하시는 본분은 그분이 나타내 보이신 뜻에 순종하
     는 것입니다.

마침기도

무엇이 하나님을 기쁘시게 하며, 무엇이 우리에게 가장 유익한지 알려 주셔
서 감사해요. 말씀하신 대로 순종하며 살 수 있게 해주세요.

chapter 40

하나님께서 사람에게
지키기 원하시는 법은 무엇일까요?

- **마음열기** 손으로 비둘기 모양을 만들어 보아요. 그리고 하늘을 향해 날려 보아요.

- **기도** 나라마다 지켜야 할 법이 있어요. 하나님 나라의 법은 무엇인가요? 알려 주세요.

- **찬송** 찬송가 214장

- **말씀** 모세가 기록하되 율법으로 말미암는 의를 행하는 사람은 그 의로 살리라 하였거니와 롬 10:5

전 세계에는 249개의 나라가 있어요.
나라마다 국민을 보호하기 위해서 지켜야 할 것을 정해 놓았는데,
이것이 법이라고 해요.
국민이 법을 지키지 않으면 그 나라에서 같이 살 수 있을까요?
♡♡는 대한민국 국민이에요. 그래서 대한민국의 법을 잘 지키며 살아야 해요.

하나님 나라의 법도 마찬가지예요.
하나님 나라의 백성은 하나님 나라의 법을 잘 지키며 살아야 해요.

함께 따라해 볼까요?

"하나님께서 / 사람이 마땅히 지켜야 할 도덕법을 / 사람의 양심에 새겨 주셨어요."

구약성경에 나오는 이스라엘에도 법이 있었어요.
이 법은 세 가지로 나눌 수 있어요.

하나, 의식법이에요.

의식법은 제사와 관계된 법들이에요.

어떤 방법으로, 어떤 제물로 드려야 하는지 알려 주셨어요. 하지만 예수님께서 몸소 드리신 제사로 폐지된 법이에요.

둘, 시민법이에요.

시민법은 구약 시대 이스라엘 백성을 이방인과 구별되게 살라고 만든 법이었어요. 이 법도 구약 시대가 끝나면서 없어졌어요.

셋, 도덕법이에요.

도덕법은 하나님의 뜻이 담겨 있는 법으로 십계명이 대표적이에요. 도덕법은 양심에 새겨 져서 십계명 전에도 지금도 있는 법이에요. 누구도 이 법을 완성할 수 없지만, 유일하게 완 성하신 분이 예수님이세요.

하나님께서는 만드신 모든 것에 질서를 부여하시기 위해 법을 정하셨어요.

이 법 안에서 사람들은 질서를 유지하고,

하나님의 거룩함과 의를 드러내며 살 수 있어요.

다시 한 번 따라해 볼까요?

"하나님께서 / 사람이 마땅히 지켜야 할 도덕법을 / 사람의 양심에 새겨 주셨어요."

소요리문답

40문: 사람이 마땅히 순종할 규칙으로 하나님께서 처음 나타내 보이신 것은 무엇
입니까?

  답: 사람이 마땅히 순종할 규칙으로 나타내 보이신 것은 도덕의 법칙입니다.

마침기도

하나님의 법을 마음에 주셔서 감사해요. 항상 깨어서 하나님 말씀의 법을 따 라 살기 원해요.

chapter 41

십계명이
무엇인가요?

◡ **마음열기** 스티커를 5장씩 나눠 가진 다음, 서로에게 스티커 1장을 붙이며 칭찬할 점 한 가지를 말해 보아요.

◡ **기도** 우리 마음 가운데 양심도 주시고 도덕법도 주셔서 감사해요. 도덕법의 내용을 가르쳐 주세요.

◡ **찬송** 찬송가 235장

◡ **말씀** 여호와께서 그 언약을 너희에게 반포하시고 너희로 지키라 명하셨으니 곧 십계명이며 두 돌판에 친히 쓰신 것이라 신 4:13

○♡는 수영장에서 가는 걸 좋아하지요?
수영장에 가면 지켜야 할 규칙이 있어요.
구명조끼를 입어야 하고, 내 키보다 깊은 곳에는 들어가선 안 돼요.
이런 규칙은 생명을 지키기 위해 꼭 지켜야 하는 거예요.

하나님께서도 우리의 생명을 지켜 주시기 위해 도덕법을 주셨어요.
이 도덕법 중 가장 대표적인 것이 십계명이에요.
하나님은 모세를 통해 십계명을 돌판에 새겨 주셨어요.

하지만, 누구도 자신의 힘으로 십계명을 온전히 지킬 수는 없어요.
온전히 지키신 분은 예수님뿐이에요.
예수님은 십계명의 율법을 완성하셨어요.

함께 따라해 볼까요?

"하나님은 우리에게 십계명을 주셨어요. / 예수님 안에서 지킬 수 있도록요."

십계명을 우리에게 주신 이유는,

하나, 하나님의 백성답게 사는 것이 어떤 것인지 알려 주시기 위해서예요.

둘, 무엇이 죄인지 깨닫게 하시기 위해서예요.

셋, 내 힘으로 안 되고 하나님께 나아가야 함을 깨닫게 하기 위해서예요.

넷, 예수님만이 우리의 죄를 해결해 주시는 통로임을 알려 주시기 위해서예요.

그러나 참된 믿음을 소유한 사람은

하나님의 성품을 더욱더 닮기 위해 십계명 앞으로 나아가요.

하나님의 뜻을 더욱더 이루어 드리기 위해 십계명 앞으로 나아가요.

예수님과 동행하는 사람을 살기 위해 십계명 앞으로 나아가요.

다시 한 번 따라해 볼까요?

"하나님은 우리에게 십계명을 주셨어요. / 예수님 안에서 지킬 수 있도록요."

소요리문답

41문: 도덕의 법칙은 어디에 총괄(總括)되어 나타났습니까?

　답: 도덕의 법칙은 십계명에 총괄되어 나타났습니다.

마침기도

하나님의 백성으로 어떻게 살아야 할지 십계명으로 알려 주셔서 감사해요.

예수님과 함께함으로 온전한 하나님 백성으로 나아갈 수 있도록 해주세요.

chapter 42

십계명을 요약하면
어떤 내용인가요?

- **마음열기** ♡♡가 사랑하는 사람들의 이름을 하트 모양 종이에 적어 보아요.

- **기도** 하나님 사랑해요. 사랑함으로 하나님이 주신 십계명을 잘 지키기 원해요. 더 풍성한 사랑으로 인도해 주세요.

- **찬송** 찬송가 246장

- **말씀** 예수께서 가라사대 네 마음을 다하고 목숨을 다하고 뜻을 다하여 주 너의 하나님을 사랑하라 하셨으니 이것이 크고 첫째 되는 계명이요 둘째는 그와 같으니 네 이웃을 네 몸과 같이 사랑하라 하셨으니 이 두 계명이 온 율법과 선지자의 강령이니라 마 22:37-40

♡♡가 좋아하는 친구가 생일을 맞았어요.
무슨 선물을 사야 친구가 좋아할까 고민을 해요.
선물을 사 두고 생일날이 오길 기다리고 기다려요.
왜냐면, 좋아하는 친구의 생일날이 기쁘기 때문이죠.

우리도 마찬가지예요.
하나님이 ♡♡를 엄청 사랑하신다는 것을 알아요.
우리도 하나님을 엄청 사랑해요.
그래서 하나님의 말씀을 잘 듣고 싶어요.
하나님께서 주신 십계명의 내용이 궁금하고 그것을 잘 따르고 싶어요.

함께 따라해 볼까요?

"십계명의 핵심 내용은 / 하나님을 사랑하고 / 이웃을 사랑하는 거예요."

그러면, 십계명의 핵심 내용은 무엇인가요?

하나, 하나님을 사랑하는 거예요.

하나님이 우리에게 주신 도덕법은 우리를 온전하게 하기 위하여 주신 거예요.

우리를 가장 온전하게 하는 것은 하나님을 사랑하는 거예요.

이 십계명 안에 그 길을 마련하여 주셨어요.

둘, 이웃을 사랑하는 거예요.

하나님을 사랑하면 할수록 그 사랑은 이웃에게로 흘러넘치게 되어 있어요.

이웃을 향한 하나님의 마음을 알게 되면

나를 통해서 하나님의 사랑이 전해지길 바라게 되어요.

다시 한 번 따라해 볼까요?

"십계명의 핵심 내용은 / 하나님을 사랑하고 / 이웃을 사랑하는 거예요."

소요리문답

42문: 십계명의 강령(綱領)이 무엇입니까?

 답: 십계명의 강령은 우리의 마음을 다하고 목숨을 다하고 힘을 다하고 뜻을 다하여 주 우리 하나님을 사랑하고, 또 이웃을 자기 자신같이 사랑하는 것입니다.

마침기도

우리를 죽기까지 사랑하신 하나님, 사랑해요. 하나님을 사랑하는 마음으로 이웃을 사랑하며 살게 해주세요.

chapter 43

십계명은
어떻게 시작되나요?

⌣ **마음열기** 돌아가면서 한 명씩 1부터 숫자를 세다가 10을 세는 사람에게 어깨를 주물러 주어요.

⌣ **기도** 죄의 종이었던 우리를 하나님 백성 삼아 주셔서 감사해요. 더불어 우리에게 하나님 백성으로 살 수 있는 법인 십계명을 주셔서 감사해요.

⌣ **찬송** 찬송가 251장

⌣ **말씀** 나는 너를 애굽 땅 종 되었던 집에서 인도하여 낸 너의 하나님 여호와로라
출 20:2

대한민국 국민이 지켜야 할 법 중에 가장 높은 것이 헌법이에요.
헌법의 맨 앞에는 이렇게 쓰여 있어요.
"유구한 역사와 전통에 빛나는 우리 대한국민은 3·1운동으로 건립된 대한민국임시정부의 법통과 불의에 항거한 4·19민주이념을 계승하고…"
이것이 대한민국 국민의 정체성이에요.

하나님의 백성에게도 법이 있어요.
바로 십계명이에요.
십계명은 이렇게 시작해요.
"나는 너를 애굽 땅 종 되었던 집에서 인도하여 낸 너의 하나님 여호와로라."
이것이 하나님의 백성의 정체성이에요.

함께 따라해 볼까요?

"종 되었던 시절을 생각하며 / 기쁜 마음으로 십계명을 지켜요."

원래 이스라엘 사람들은 이집트의 노예였어요.
성을 건축하는 일을 하면서 핍박과 고통 속에서 살았어요.
하나님은 그런 이스라엘 민족을 불러내셨어요.
그리고 시내 산에서 하나님의 백성으로 삼아 주셨어요.

하나님은 하나님의 백성에게 십계명을 주셨어요.
하나님의 백성이 된 것은 은혜였어요.
하나님이 친히 보호하시고 인도하시기 때문이에요.
이 은혜에 감사하는 마음으로 하나님이 베풀어 주신 십계명을 지켜요.

노예였던 우리를 빛 가운데로 구원하여 주시고
하나님의 자녀로 삼아 주신 큰 은혜에 감사한 마음으로 십계명을 지켜요.
십계명을 주신 하나님, 감사합니다.

다시 한 번 따라해 볼까요?

"종 되었던 시절을 생각하며 / 기쁜 마음으로 십계명을 지켜요."

소요리문답

43문: 십계명의 머리말이 무엇입니까?
  답: 십계명의 머리말은 "나는 너를 애굽 땅 종 되었던 집에서 인도하여 낸 너의 하나님 여호와로라." 하신 것입니다.

마침기도
구약 이스라엘 백성을 노예로 있던 이집트에서 불러내셔서 하나님 백성으로 삼으셨던 것처럼, 죄의 종이었던 ♡♡와 우리 가족을 하나님의 자녀로 삼아 주셔서 감사해요. 항상 기쁨으로 하나님의 법을 지키며 살게 도와주세요.

chapter 44

왜 십계명을
지켜야 하죠?

- **마음열기** 함께 가위바위보를 해요. 가위는 1, 바위는 2, 보는 3이에요. 나온 숫자만큼 "감사해"를 외쳐 보아요.

- **기도** 저와 우리 가족 모두 하나님의 백성 삼아 주셔서 감사드려요. 우리의 왕은 하나님 아버지뿐이세요.

- **찬송** 찬송가 252장

- **말씀** 너희가 순종하는 자식처럼 이전 알지 못할 때에 좇던 너희 사욕을 본 삼지 말고 오직 너희를 부르신 거룩한 자처럼 너희도 모든 행실에 거룩한 자가 되라 벧전 1:14-15

♡♡의 주변에 외국에서 살다 온 친구들이 있나요?
대한민국 국민이 되었다면 누구나 대한민국의 법을 지켜야 해요.
또한 대한민국 국민이 되면 그에 따르는 혜택도 누리게 되지요.

하나님의 백성들도 마찬가지예요.
하나님 나라에 속한 사람으로서 하나님 나라의 법을 따라야 하며,
하나님 나라의 백성으로서 혜택도 누리게 되어요.

함께 따라해 볼까요?

"하나님을 왕으로 모신 / 하나님 나라의 백성으로서 / 십계명을 지켜야 해요."

이집트에서 고통받던 이스라엘 백성들을 불러내셔서
하나님의 백성으로 삼으시고 약속의 땅으로 이끌어 주셨어요.
구원하여 주셨어요.

죄의 종으로 고통받던 우리를 불러 주셔서
하나님의 자녀로 삼으시고 예수님과 함께하는 영원한 천국을 약속하여 주셨어요.
구원하여 주셨어요.

이집트 왕과 세상은 하나님의 백성을 이용했어요. 착취했어요.
눈물이 마를 날이 없었지요.
그러나 하나님은 우리를 사랑하시고 구원하여 주셨어요.
하나님의 법, 십계명을 따라가면 행복과 감사가 넘쳐나요.
기쁨과 생명을 주시지요.

다시 한 번 따라해 볼까요?

"하나님을 왕으로 모신 / 하나님 나라의 백성으로서 / 십계명을 지켜야 해요."

소요리문답

44문: 십계명의 머리말이 우리에게 가르치는 것은 무엇입니까?

답: 십계명의 머리말이 우리에게 가르치는 것은 하나님께서 여호와, 우리 하나님
이시고, 구속자이시므로, 우리가 마땅히 그분의 모든 계명을 지켜야 한다는
것입니다.

마침기도

우리를 예수님의 피 값으로 사셨으니, 이제 우리는 우리 것이 아니라 하나님
것이에요. 하나님의 법 안에서 하나님의 뜻대로 ♡♡와 우리 가족을 이끄시
고 사용하여 주세요.

chapter 45

제1계명은
무엇인가요?

⌣ **마음열기** '무궁화 꽃이 피었습니다!' 놀이를 해요.

⌣ **기도** 하나님만이 진짜 하나님이심을 믿어요. 거짓 우상에 속지 않고 하나님만 따르도록 도와주세요.

⌣ **찬송** 찬송가 254장

⌣ **말씀** 너는 나 외에는 다른 신들을 네게 있게 말지니라 출 20:3

가방이나 구두에는 명품이 있어요.
아주 뛰어난 솜씨를 가진 장인들이 직접 바느질해서 만든 물건을 명품이라고 해요.
하지만 명품을 흉내 내서 만든 가짜 상품도 있어요.
그런 물건을 '짝퉁'이라고 해요.
'짝퉁'은 불법이라 단속에 걸려 형벌을 받게 되지요.

참 신은 하나님뿐이에요.
하지만 우리는 죄 때문에 하나님을 찾을 수 없는 존재가 되었어요.
그래서 사람들은 거짓 신들을 만들어냈지요.
해님, 달님을 신으로 삼기도 했고, 마을의 가장 큰 나무를 신으로 삼기도 했어요.
훌륭한 사람을 신으로 섬기기도 했고, 온갖 종류의 동물을 신이라 섬기기도 했지요.
하지만 이것들은 다 우상일 뿐이에요.

함께 따라해 볼까요?

"하나님만이 참 신이시며 / 다른 신들은 우상이에요."

우상에는 두 가지가 있어요.
하나, 눈에 보이는 우상이에요.
피조물을 하나님 자리에 앉혀 놓고 스스로 속고 있는 거예요.
둘, 눈에 보이지 않는 우상이에요.
탐심, 돈을 사랑하는 마음도 우상숭배예요.

사람은 원래 하나님을 의지하며 살도록 지음 받았어요.
타락한 이후로 하나님을 알아보지 못하고 엉뚱한 대상을 찾아 숭배한 거예요.
그러나 하나님의 백성은 하나님을 알아볼 수 있어요.
참 신이신 하나님께만 예배해야 해요.

♡♡는 하나님보다 더 사랑했던 것이 있나요?
"하나님 죄송합니다. 용서해 주세요."라고 회개 기도를 하고,
하나님만 바르게 섬기는 ♡♡와 우리 가족이 되어요.

다시 한 번 따라해 볼까요?

"하나님만이 참 신이시며 / 다른 신들은 우상이에요."

소요리문답

45문: 제1계명이 무엇입니까?
　답: 제1계명은 "너는 나 외에는 다른 신들을 네게 있게 말지니라." 하신 것입니다.

마침기도

오직 하나님 한 분만이 살아 계신 우리를 만드신 참 신이라는 사실을 믿어
요. 다른 것 의지하지 않고 하나님 한 분만 예배하는 ♡♡와 우리 가정 되게
해주세요.

chapter 46

제1계명이 명하는 것은
무엇인가요?

- **마음열기** 누가 더 오랫동안 눈을 깜빡이지 않는지 시합을 해보아요.

- **기도** 참 하나님만 믿고 따라가길 원해요. 바르게 알고, 바르게 따라가길 원해요.

- **찬송** 찬송가 257장

- **말씀** 여호와의 이름에 합당한 영광을 돌리며 거룩한 옷을 입고 여호와께 경배할 지어다 시 29:2

♡♡는 인도라는 나라를 알고 있나요?
인도는 세계에서 중국 다음으로 인구가 많은 나라예요.
13억 명이 넘는 인구를 가지고 있지요.
그런데 인도에는 신들이 너무 많아요.
소도 신이고 원숭이도 신이고 우상 천지예요.
인도에는 우상이 얼마나 많을까요?
13억 개가 넘는대요. 인구만큼 우상도 많다고 해요.

참 하나님은 유일하신 분이세요.
시작도 없고 끝도 없으신 영원하신 분이세요.
인격적이시고, 모든 것을 만드신 창조주세요.

함께 따라해 볼까요?

"하나님은 유일하신 참 신이세요. / 우리는 하나님께 합당한 예배를 드려요."

♡♡와 우리 가족은 어떤 태도로 참 하나님께 나아가야 할까요?
피조물은 창조주에게 감사하고 영광을 돌려야 해요.
하나님은 이미 영원 전부터 영화로우셨어요.
♡♡와 우리 가족이 그러한 하나님을 믿음으로 알게 되었으니
합당한 영광을 하나님께 돌려야 해요. 하나님을 높여야 해요.
이것이 바로 예배예요.

예배는 어디서 드리나요?
우리가 모인 곳이면 어디서든 드릴 수 있어요.
집에서, 직장에서, 교회에서 어디서든 드릴 수 있어요.

다시 한 번 따라해 볼까요?

"하나님은 유일하신 참 신이세요. / 우리는 하나님께 합당한 예배를 드려요."

소요리문답

46문: 제1계명이 명하는 것은 무엇입니까?
답: 제1계명이 우리에게 명하는 것은 하나님께서 유일하고 참되신 하나님이시고 우리의 하나님이심을 알고 인정하며, 그에 합당하게 하나님을 경배하고 영화롭게 하라는 것입니다.

마침기도

온 세상을 주관하신 유일하신 하나님을 찬양해요. 하나님 홀로 영광 받아 주세요. 우리 가정이 하나님께만 영광 돌리고 경배하길 원해요.

chapter 47

제1계명이 금하는 것은 무엇인가요?

- **마음열기** "하나님"이라는 글자를 이쁘게 색칠하거나 꾸며 보아요.

- **기도** 하나님만 바라보고 하나님만 예배하는 우리 가정 되길 원해요.

- **찬송** 찬송가 268장

- **말씀** 이는 저희가 하나님의 진리를 거짓 것으로 바꾸어 피조물을 조물주보다 더 경배하고 섬김이라 주는 곧 영원히 찬송할 이시로다 아멘 롬 1:25

♡♡는 엄마, 아빠에게 언제 가장 고마운 마음이 드나요?
특별히 어버이날이 되면, 선물을 드리거나 편지를 써서 감사를 표현하지요.
어른이 되면 그동안 길러 주신 부모님의 은혜에 더욱 감사하게 되어요.
하지만, 어른이 되었는데도 부모님께 감사하지 않는다면 부모님 마음이 어떨까요?
많이 서운하겠지요? 가슴이 아프실 거예요.

하나님 마음도 똑같아요.
하나님을 알아가면 알아갈수록 더욱더 하나님께 감사할 게 많아요.
하나님의 은혜가 얼마나 크고 깊은지 놀라지 않을 수 없어요.
더욱 하나님을 기쁘시게 하고 싶고, 하나님께 영광을 돌리고 싶어져요.

함께 따라해 볼까요?

"제1계명이 금지하는 것은 / 어떤 것도 하나님보다 / 더 중요하게 여기는 것이에요."

♡♡는 가장 좋아하는 장난감이 있나요?

하지만, 가장 좋은 장난감도 하나님보다 더 중요하진 않아요.

♡♡는 가장 좋아하는 만화영화가 있나요?

하지만, 어떤 재미있는 만화영화도 하나님보다 더 중요하진 않아요.

하나님을 섬기고 예배할 때 하나님이 무엇을 기뻐하시는지 알아야 해요.

하나님이 무엇을 싫어하시는지도 알아야 해요.

그리고 하나님께서 싫어하시는 것은 하지 않아야 해요.

하나님은 의심하며 하나님께 나아가는 것을 금하세요.

하나님은 욕심을 가지고 하나님을 이용하는 것을 금하세요.

하나님은 하나님 외에 다른 우상을 섬기는 것을 금하세요.

다시 한 번 따라해 볼까요?

"제1계명이 금지하는 것은 / 어떤 것도 하나님보다 / 더 중요하게 여기는 것이에요."

소요리문답

47문: 제1계명이 금하는 것은 무엇입니까?

   답: 제1계명이 금하는 것은 하나님께서 참되신 하나님이시고 우리의 하나님이심
   을 부인하거나 그러한 분으로 경배하지 않거나 영화롭게 하지 않는 것이며 또
   한 오직 그분께만 드려야 할 경배와 영광을 다른 자나 다른 것에게 돌리는 것
   입니다.

마침기도

우리가 하나님보다 더 중요하게 생각하고 섬긴 것이 있다면 용서해 주세요.

하나님을 가장 중요하게 여기는 ♡♡와 우리 가족이 되게 해주세요.

chapter 48

우리는 무엇을 경배해야 하나요?

- **마음열기** 엄마가 1부터 10까지의 숫자 중에 하나를 마음속에 생각해요. 다른 가족이 그 숫자를 맞춰 보아요. 근접한 숫자가 나오면 up, down으로 힌트를 주어 숫자를 맞춰요.

- **기도** 하나님, 이 세상에서 가장 중요한 분은 하나님이에요. 항상 하나님을 우리 마음에 두길 원해요.

- **찬송** 찬송가 270장

- **말씀** 그러나 네가 만일 마음을 돌이켜 듣지 아니하고 유혹을 받아서 다른 신들에게 절하고 그를 섬기면 내가 오늘날 너희에게 선언하노니 너희가 반드시 망할 것이라 너희가 요단을 건너가서 얻을 땅에서 너희의 날이 장구치 못할 것이니라 신 30:17-18

♡♡는 하나님 안에서 쑥쑥 자라고 있어요.
호기심이 많아 알고 싶은 것에 푹 빠지기도 하고요.
재미있는 놀이에 푹 빠져서 시간 가는 줄 모르기도 하고요.
노래하는 것도 신나고 재미있어요.

그런데, 이 모든 것이 하나님보다 더 소중할 수 있을까요?

함께 따라해 볼까요?

"하나님보다 더 소중히 여기는 마음을 / 어떤 것에도 두어서는 안 되어요. / 하나님이 가장 소중해요."

우리 마음은 두 가지 방향으로 흘러가요.
하나, 하나님을 향하는 방향이에요.

나에게 가장 소중한 분이 하나님이심을 알고,
하나님이 기뻐하시는 방향으로 나의 마음을 몰고 가요.
둘, 나에게로 향하는 방향이에요.
미래의 꿈, 계획, 성공, 돈.
하나님을 먼저 생각하지 않으면 이 모든 것이 우상이 될 수 있어요.

그럼, 어떻게 하나님을 향하는 마음임을 알 수 있나요?
내가 좋아했던 것을 잃어버렸을 때 알아요.
하나님을 가장 중요하게 여겼다면 힘들지만 이겨내요.
그렇지 않았다면 절망하고 신앙도 잃어버려요.
하나님을 가장 소중히 여길 때 우리도 행복할 수 있어요.

다시 한 번 따라해 볼까요?

"하나님보다 더 소중히 여기는 마음을 / 어떤 것에도 두어서는 안 되어요. / 하나님이 가장
소중해요."

소요리문답

48문: 제1계명에서 "나 외에는" 혹은 "내 앞에서"라는 말씀이 우리에게 특별히 가르
치는 것은 무엇입니까?

답: 제1계명에서 "나 외에는" 혹은 "내 앞에서"라는 말씀이 우리에게 특별히 가르
치는 것은 모든 것을 보고 계시는 하나님께서 우리가 조금이라도 다른 신을 섬
기는 죄를 특히 눈여겨보시고 매우 싫어하신다는 것입니다.

마침기도

우리 마음을 늘 돌아보아 하나님보다 더 소중히 여기는 것은 없는지 깨닫게
도와주세요. 있다면 회개하고 돌이켜 하나님을 더욱 사랑하도록 인도해 주
세요.

제2계명은
무엇인가요?

- ⌣ **마음열기** 풍선을 위로 쳐서 땅에 떨어지지 않게 하는 놀이를 해요.

- ⌣ **기도** 십계명을 알아갈수록 감사해요. 하나님을 알아가는 기쁨이 넘쳐요. 잘 알고
  바르게 예배하게 인도해 주세요.

- ⌣ **찬송** 찬송가 273장

- ⌣ **말씀** 너를 위하여 새긴 우상을 만들지 말고 또 위로 하늘에 있는 것이나 아래로 땅
  에 있는 것이나 땅 아래 물속에 있는 것의 아무 형상이든지 만들지 말며 그
  것들에게 절하지 말며 그것들을 섬기지 말라 나 여호와 너의 하나님은 질투
  하는 하나님인즉 나를 미워하는 자의 죄를 갚되 아비로부터 아들에게로 삼
  사 대까지 이르게 하거니와 나를 사랑하고 내 계명을 지키는 자에게는 천대
  까지 은혜를 베푸느니라 출 20:4-6

♡♡는 결혼식장에 가 본 적이 있나요?
신랑 신부의 모습이 정말 멋있지요?
결혼을 축하하러 온 하객들도 결혼식에 걸맞게 차려입고 오고요.

그런데 신랑 신부가 결혼식장에 구멍 나고 더러운 옷을 입고 왔다면 어떨까요?
하객들이 축하하지 않고 떠들고 장난을 친다면 어떨까요?
결혼식이 엉망이 되어 버릴 거예요.

함께 따라해 볼까요?

"제2계명은 / 어떤 우상으로라도 / 하나님을 만들지 말라고 가르쳐 주어요."

하나님께 예배드리는 것에도 격식이 있어요.
예배드리는 사람이 껌을 씹으며 다리를 꼬고 예배드린다면 어떨까요?

하나님이라는 이름표를 붙인 커다란 동물 동상 앞에서 예배드린다면 어떨까요?
이것은 예배드리는 격식이 아니에요.

십계명 중 제2계명은 예배드리는 방법에 대해 말씀하고 있어요.
하나님께 예배드릴 때 어떤 형상도 만들지 말라고 가르쳐 주셨어요.
왜냐하면 하나님은 영이시기 때문이에요.
그렇기 때문에 어떠한 보이는 형상 앞에 하나님이라고 이름 붙이지 않아요.

다시 한 번 따라해 볼까요?

"제2계명은 / 어떤 우상으로라도 / 하나님을 만들지 말라고 가르쳐 주어요."

소요리문답

49문: 제2계명이 무엇입니까?
　답: 제2계명은 "너를 위하여 새긴 우상을 만들지 말고, 또 위로 하늘에 있는 것이나 아래로 땅에 있는 것이나 땅 아래 물 속에 있는 것의 아무 형상이든지 만들지 말며, 그것들에게 절하지 말며, 그것들을 섬기지 말라. 나 여호와 너의 하나님은 질투하는 하나님인즉, 나를 미워하는 자의 죄를 갚되 아비로부터 아들에게로 삼사 대까지 이르게 하거니와, 나를 사랑하고 내 계명을 지키는 자에게는 천 대까지 은혜를 베푸느니라." 하신 것입니다.

마침기도

항상 영으로 함께하시는 하나님, 언제 어디서나 우리의 기도에 귀 기울이시고 응답해 주셔서 감사해요. 우상을 만들어 섬기지 않을 거예요. 바르게 하나님께 예배드릴게요.

chapter 50

제2계명이 명하는 것은
무엇인가요?

◡ **마음열기** ♡♡가 운전해 보고 싶은 차는 무엇인가요? 그 이유는 뭔가요?

◡ **기도** 우리 가족이 함께 예배하는 이 시간, 우리의 예배를 받아 주세요. 고칠 것이 있
다면 가르쳐 주세요.

◡ **찬송** 찬송가 279장

◡ **말씀** 내가 너희에게 명하는 이 모든 말을 너희는 지켜 행하고 그것에 가감하지 말
지니라 신 12:32

뛰뛰빵빵~~ 자동차를 좋아하나요?

자동차 운전은 자동차를 발명한 사람이 만든 방법대로 해야 해요.

그리고 신호에 맞추어서 잘 운전해야 해요.

♡♡와 가족의 안전을 위해서 운전하는 사람은 꼭 면허증이 있어야 하고,

음주운전 하지 않고, 졸음운전 하지 않아야 해요.

그래야 차에 탄 사람들이 안전하게 목적지까지 갈 수 있어요.

하나님께 예배드리는 것에도 방법이 있어요.

내 마음대로 예배드리는 것이 아니에요.

예배를 만드신 하나님의 방법대로 해야 해요.

함께 따라해 볼까요?

"하나님께서 말씀에서 정해 주신 방법대로 / 하나님께 예배드려요."

구약 시대 예배에는 정해진 순서와 절차가 있었어요.

예배 때 드릴 제물도 소, 양, 비둘기, 곡식으로 상세하게 말씀해 주셨어요.
목적에 따라서, 감사의 예배, 회개의 예배, 화목의 예배, 용서와 회복의 예배를 드렸어요.
앞으로 오실 예수님을 바라보는 믿음으로 드린 예배였어요.

신약 시대에는 예수님이 오심으로 율법이 완성되었어요.
더 이상 구약 시대의 방법으로 예배드리지 않아도 되었어요.
하지만, 주일이라는 시간을 정하고, 찬양, 회개, 말씀 등의 형식으로 드리게 되었어요.
성경을 통해서 구체적으로 하나님께서 말씀해 주셨어요.
우리도 이렇게 하나님께 예배드려요.
우리에게 예배드리는 방법을 알려 주신 하나님께 감사해요.

다시 한 번 따라해 볼까요?

"하나님께서 말씀에서 정해 주신 방법대로 / 하나님께 예배드려요."

소요리문답

50문: 제2계명이 명하는 것은 무엇입니까?

  답: 제2계명이 명하는 것은 하나님께서 그분의 말씀에서 정하여 주신 그 모든 경건한 예배와 규례를 받아들이고 행하며 순전하고 온전하게 지키라는 것입니다.

마침기도

♡♡와 우리 가족이 드리는 예배도 하나님이 말씀해 주신 방법으로 드릴 수 있도록 인도해 주셔서 감사해요. 찬양과 회개와 말씀과 헌신과 축복의 기도 가운데 예배드려 하나님께 영광 돌리게 해주세요.

chapter 51

제2계명이 금하는 것은
무엇인가요?

- ◡ **마음열기** 한 명씩 돌아가며 자신이 좋아하는 옷이 무엇인지 말해 보아요.

- ◡ **기도** 하나님께 예배드릴 때 보이는 어떤 형상이나 다른 어떤 것도 의지하지 않게 해주세요. 오직 하나님 말씀으로 예배하고 말씀을 통해서 하나님께 기도하고 경배할 수 있게 해주세요.

- ◡ **찬송** 찬송가 288장

- ◡ **말씀** 여호와께서 호렙 산 화염 중에서 너희에게 말씀하시던 날에 너희가 아무 형상도 보지 못하였은즉 너희는 깊이 삼가라 두렵건대 스스로 부패하여 자기를 위하여 아무 형상대로든지 우상을 새겨 만들되 남자의 형상이라든지, 여자의 형상이라든지, 땅 위에 있는 아무 짐승의 형상이라든지, 하늘에 나는 아무 새의 형상이라든지, 땅 위에 기는 아무 곤충의 형상이라든지, 땅 아래 물속에 있는 아무 어족의 형상이라든지 만들까 하노라 신 4:15-18

모세는 호렙 산에서 하나님을 처음 만났어요.
떨기나무 가운데 화염 중에 만났을 뿐, 하나님은 아무런 모습도 없으셨어요.
그 이후에도 하나님은 아무 형상도 없으신 모습으로 모세에게 다가오셨어요.

♡♡는 하나님을 그릴 수 있나요?
나무나 꽃이나 호랑이는 그릴 수 있어도 하나님은 그릴 수 없어요.

함께 따라해 볼까요?

"어떤 형상을 가지고 / 예배드리는 것을 금지하셨어요. / 오직 말씀으로만 예배드려요."

제2계명은 하나님께 어떤 형상을 가지고 예배드리는 것을 금지해요.
이스라엘 백성들이 송아지 형상으로 예배했을 때

하나님은 그 예배를 받지 않으시고 진노하셨어요.
하나님은 우상이 아니시기 때문이에요.
하나님은 영이시기 때문이에요.
우리는 오직 말씀 안에서만 예배드려요.

중세 시대에는 성경을 멀리했어요.
그래서 그림이나 조각 같은 온갖 형상들로 예배드렸어요.
하지만 하나님을 담기에는 역부족이었지요.
그래서 중세 시대를 교회의 암흑기라고 해요.

하나님은 우리에게 진리의 말씀인 성경을 주셨어요.
오직 이 하나님의 말씀으로 예배해야 해요.

다시 한 번 따라해 볼까요?

"어떤 형상을 가지고 / 예배드리는 것을 금지하셨어요. / 오직 말씀으로만 예배드려요."

소요리문답

51문: 제2계명이 금하는 것은 무엇입니까?

답: 제2계명이 금하는 것은 하나님께 예배를 드릴 때에 형상을 사용하거나 혹은 하나님의 말씀에서 정하여 주시지 않은 다른 방법을 조금이라도 사용하는 것입니다.

마침기도

영이신 하나님께 예배하길 원해요. 말씀 안에서 예배드리길 원해요. 예수님을 믿는 믿음 안에서 예배드릴 때 우리 예배를 받아 주세요.

chapter 52

제2계명을 지켜야 하는 이유는 무엇인가요?

- 🌙 **마음열기** 보자기의 네 모서리를 나눠 잡고, 보자기로 풍선을 튕겨서 떨어뜨리지 않기 놀이를 해요.

- 🌙 **기도** ♡♡와 우리 가정 가운데 찾아와 주신 너무 좋으신 아버지 하나님! 하나님께서 온 우주의 주인이라는 사실을 잊지 않게 해주세요.

- 🌙 **찬송** 찬송가 292장

- 🌙 **말씀** 세계가 다 내게 속하였나니 너희가 내 말을 잘 듣고 내 언약을 지키면 너희는 열국 중에서 내 소유가 되겠고 출 19:5

♡♡가 직접 만든 장난감이 있나요?

그 장난감에 예쁘게 색칠도 하고 멋진 모양으로 만들어서 재미있게 가지고 놀았나요?

그런데 어느 날 그 장난감이 "난 더 이상 ♡♡의 것이 아니야. 내 맘대로 할 거야!"라고 말하면서 멋대로 행동하면 어떨까요?

♡♡는 그 장난감이 싫어져서 버릴 수도 있어요.

하나님은 우리를 직접 만드셨어요.

우리에게 생기를 불어넣어 생명을 주셨어요.

하나님은 우리뿐만 아니라 온 우주 만물의 주인이에요.

♡♡와 우리 가족은 예배를 통해서 ♡♡와 우리 가족이 하나님의 것임을 인정해야 해요.

함께 따라해 볼까요?

"제2계명을 지켜야 하는 이유는 / 하나님이 우리의 주인이시기에 / 그에 합당한 예배를 드려야 하기 때문이에요."

♡♡의 몸도, 엄마, 아빠의 몸도 우리의 것이 아니에요. 하나님의 것이지요.

우리가 가지고 있는 것도 사실 다 하나님이 주신 것이에요.

우리의 모든 것이 내 것이 아니라 하나님 것임을 알고 표현해야 해요.

♡♡와 우리 가족이 살아갈 모든 환경을 주신 하나님께 예배를 통해서 고백해야 해요.

"이 모든 것의 주인은 하나님이십니다. 이 모든 것을 주셔서 감사합니다."라고요.

아담이 타락한 이후로 사람들은 하나님께 바르게 예배하는 법을 잊어버렸어요.

잘못된 방법으로 우상을 예배하기까지 했어요.

하지만, 하나님은 말씀을 통해서 우리에게 바르게 예배하는 법을 알려 주셨어요.

말씀 안에서 하나님을 바르게 예배하는 우리 가정이 되어요.

다시 한 번 따라해 볼까요?

"제2계명을 지켜야 하는 이유는 / 하나님이 우리의 주인이시기에 / 그에 합당한 예배를 드려야 하기 때문이에요."

소요리문답

52문: 제2계명을 지킬 이유로 이어서 말씀하신 것은 무엇입니까?

  답: 제2계명을 지킬 이유로 이어서 말씀하신 것은 하나님께서 우리의 주권자이시고 우리의 소유주이시며, 친히 정하신 대로 경배받기를 열망하신다는 것입니다.

마침기도

우리를 창조하신 하나님 아버지를 참 주인으로 고백하고 바르게 예배드리길 원해요. 하나님 말씀 안에서 예배드리고, 말씀에 순종하는 ♡♡와 우리 가족 되게 도와주세요.

chapter 53

제3계명은 무엇인가요?

마음열기 오늘 하루를 돌아보며 감사한 일 3가지를 말해 보아요.

기도 우리 가정과 항상 함께하시는 임마누엘의 하나님을 만나길 원해요. 예배 가운데 임재하여 주세요.

찬송 찬송가 298장

말씀 너는 너의 하나님 여호와의 이름을 망령되이 일컫지 말라 나 여호와는 나의 이름을 망령되이 일컫는 자를 죄 없다 하지 아니하리라 출 20:7

♡♡의 이름에는 무슨 뜻이 담겨 있나요?
모든 이름에는 그 이름을 지은 사람의 소망이 담겨 있어요.
누가 ♡♡에게 부모님의 이름이 뭐냐고 물어본다면 ♡♡는 어떻게 대답하나요?
부모님을 존경하는 의미로, 이름 한 글자마다 '자'자를 붙여서 대답해요.
"우리 아빠 이름은 ○자, ○자, ○자세요."라고요.

하나님에게도 이름이 있어요.
"여호와 하나님"이에요. 스스로 계신 분이라는 뜻이에요.
구약 시대의 성도들은 하나님의 이름을 함부로 부르지 못했어요.
너무 거룩하고 존귀하신 이름이기 때문이지요.

함께 따라해 볼까요?

"제3계명은 / 여호와 하나님의 이름을 / 망령되이 부르지 말라는 것이에요."

여호와 하나님은 하시는 일에 따라 여러 가지 이름으로 불렸어요.
'엘 샤다이'는 전능하신 하나님이라는 뜻이에요.
'여호와 삼마'는 거기 계시는 하나님이란 뜻이에요.
'여호와 라파'는 치료하시는 하나님이란 뜻이에요.
'여호와 닛시'는 여호와는 나의 깃발이란 뜻이에요.
'여호와 이레'는 여호와가 준비하신다는 뜻이에요.

하나님의 이름은 하나님이 하신 일에 대한 믿음의 고백이에요.
하나님의 이름을 함부로 장난스럽게 불러서는 안 돼요.
왜냐하면 그것은 하나님을 모욕하는 일이기 때문이에요.

우리에게 존귀한 하나님의 이름을 부를 수 있도록 허락하신 하나님께 감사드려요.
그리고 우리가 부를 때 정말 빠르고 정확하게 응답하시고 인도하시는 여호와 하나님을 찬양해요.
이런 좋으신 아버지를 둔 ♡♡와 우리 가족은 큰 은혜를 받았어요.

다시 한 번 따라해 볼까요?

"제3계명은 / 여호와 하나님의 이름을 / 망령되이 부르지 말라는 것이에요."

소요리문답

53문: 제3계명이 무엇입니까?
  답: 제3계명은 "너는 너의 하나님 여호와의 이름을 망령되이 일컫지 말라. 나 여
      호와는 나의 이름을 망령되이 일컫는 자를 죄 없다 하지 아니하리라." 하신
      것입니다.

마침기도

♡♡와 우리 가족에게 거룩한 하나님의 이름을 부를 수 있는 특권을 주셔서
감사해요. 좋으신 아버지 하나님을 찬양해요.

chapter 54

제3계명은 무엇을 명령하고 있나요?

- **마음열기** ♡♡는 어떤 집에 살고 싶나요? 왜 그런가요?

- **기도** 하나님의 이름을 존귀히 여기는 ♡♡와 우리 가정이 되길 원합니다. 하나님의 이름이 높이 영광 받으시길 원해요.

- **찬송** 찬송가 301장

- **말씀** 여호와의 이름에 합당한 영광을 돌리며 거룩한 옷을 입고 여호와께 경배할 지어다 시 29:2

♡♡는 좋아하는 선생님이 있나요?
선생님의 이름을 아나요? 선생님을 어떻게 부르나요?
이름을 알아도, 존경하는 사람의 이름은 함부로 부르지 않아요.
선생님, 대통령님, 사장님 등 호칭을 부르지요.

하나님의 이름은 그중에서도 가장 존귀한 이름이에요.
구약 시대에 성경을 베껴 써서 성경책을 만들던 서기관들은
하나님의 이름을 쓰기 전에 목욕을 하고 썼다고 해요.
그만큼 하나님의 이름을 두려워하고 존귀하게 여겼어요.

함께 따라해 볼까요?

"제3계명은 / 하나님의 이름을 존귀하게 여기고 / 함부로 사용하면 안 된다고 명령해요."

그런데, 어떤 사람들은 하나님의 이름을 농담처럼 사용하기도 해요.

또 자신의 말을 뒷받침하는 도구로 사용하기도 하는데,
이는 제3계명을 어기는 행동이에요.
하나님의 이름에는 능력과 권능이 있어요.
성경은 하나님의 이름을 통해 구원받는 수많은 사건을 보여 주고 있어요.
하나님의 이름을 부르는 곳이 예배하는 곳이에요.
하나님의 이름을 부를 때 경외하는 마음으로 거룩하게 사용해야 해요.

신약성경에는 '예수 그리스도의 이름을 부르는 것'을 예배로 표현했어요.
하나님의 이름과 예수님의 이름을 부르는 곳이 예배하는 곳이에요.
찬양할 때, 기도할 때, 말씀을 읽을 때,
하나님의 이름을 경외하며 부르는 ♡♡와 우리 가족이 되어요.

다시 한 번 따라해 볼까요?

"제3계명은 / 하나님의 이름을 존귀하게 여기고 / 함부로 사용하면 안 된다고 명령해요."

소요리문답

54문: 제3계명이 명하는 것은 무엇입니까?
　답: 제3계명이 명하는 것은 하나님의 이름과 칭호와 속성과 규례와 말씀과 행사를
　　　존경하는 마음으로 거룩하게 사용하라는 것입니다.

마침기도

하나님 아버지라는 존귀하고 능력 있는 이름을 우리에게 부를 수 있도록 허
락해 주셔서 감사해요. 경건한 마음으로 찬양하고, 기도하고, 말씀을 듣게
인도해 주세요.

chapter 55

제3계명이
금하는 것은 무엇인가요?

⌣ **마음열기** ♡♡의 이름으로 삼행시를 지어 보아요.

⌣ **기도** 나도 모르게 하나님의 이름을 함부로 사용한 적이 있다면 용서해 주세요. 하나님의 이름을 거룩하게 사용하는 ♡♡와 우리 가족이 되길 원해요.

⌣ **찬송** 찬송가 302장

⌣ **말씀** 너희는 내 이름으로 거짓 맹세함으로 네 하나님의 이름을 욕되게 하지 말라 나는 여호와니라 레 19:12

엄마, 아빠가 지어 주신 ♡♡라는 예쁜 이름을 두고,
친구가 별명을 부르거나 놀리면 어떤 기분이 들 것 같아요?
속상하고 마음이 아플 거예요. 화가 날지도 몰라요.
친구들끼리도 이름을 부를 때는 존중하는 마음으로 불러야 해요.

하나님의 이름도 마찬가지예요. 아니, 훨씬 더 중요해요.
하나님의 이름으로 장난치거나 조롱하면 하나님의 기분이 어떠실까요?
하나님을 믿지 않고 하나님에 대해서 함부로 말하면 하나님의 기분이 어떠실까요?
하나님의 이름으로 이익을 얻는 데만 관심이 있다면 하나님의 기분이 어떠실까요?
아마도 아주 많이 속상하고 마음이 아프실 거예요. 엄청 분노하실지도 몰라요.

함께 따라해 볼까요?

"제3계명이 금지하는 것은 / 하나님의 이름을 / 거룩하지 않게 이용하는 거예요."

♡♡는 어떨 때 하나님의 이름을 기쁘게 부르나요?

찬양할 때? 기도할 때?

맞아요. 예배드릴 때 우리는 기쁘고 감사한 마음으로 하나님의 이름을 불러요.

♡♡는 기도할 때 하나님을 믿는 믿음으로 간절히 하나님을 부르지요?

그 자세를 하나님은 기뻐하세요.

♡♡는 찬양할 때 하나님을 기뻐하는 마음으로 찬양하지요?

그 자세를 하나님은 즐거워하세요.

♡♡는 말씀을 들을 때 하나님을 경외하는 마음으로 듣지요?

그 자세를 하나님은 엄청 사랑하세요.

♡♡와 우리 가족 모두 하나님의 이름이 선포되는 그 자리에서

하나님의 이름을 함부로 부르지 않고,

거룩하게 부르는 가정이 되어요.

다시 한 번 따라해 볼까요?

"제3계명이 금지하는 것은 / 하나님의 이름을 / 거룩하지 않게 이용하는 거예요."

소요리문답

55문: 제3계명이 금하는 것은 무엇입니까?

답: 제3계명이 금하는 것은 하나님께서 자기를 나타내시는 데 쓰시는 것을 속되게 하거나 잘못 사용하는 것입니다.

마침기도

존귀하고 거룩하신 하나님 아버지, 우리가 하나님의 이름을 믿음 없이 가벼운 마음으로 불렀다면 용서해 주세요. 항상 경외하는 마음으로 부를 수 있게 도와주세요.

chapter 56

제3계명을 지켜야 하는 이유는 무엇인가요?

- **마음열기** 우리 가족이 좋아하는 음식을 말해 보아요.

- **기도** 하나님의 이름을 높이는 가정 되길 원해요. 오늘도 하나님의 이름을 힘차게 찬양할래요.

- **찬송** 찬송가 304장

- **말씀** 내가 그 집을 영영토록 심판하겠다고 그에게 이른 것은 그의 아는 죄악을 인함이니 이는 그가 자기 아들들이 저주를 자청하되 금하지 아니하였음이니라 삼상 3:13

♡♡는 '늑대와 일곱 마리 아기염소' 이야기를 아나요?
늑대가 아기염소들을 잡아먹으려고 엄마처럼 변장을 하고 엄마 목소리를 흉내 내는 이야기예요. 하지만 늑대가 아무리 변장을 해도 아기염소들의 엄마가 될 수는 없지요.
나중에 늑대는 아기염소들을 잡아먹은 벌을 엄마 염소에게 톡톡히 받게 되어요.

우리 주변에도 자기 이익을 위해 거짓말을 하거나 속임수를 쓰는 사람들이 있어요.
심지어 하나님의 이름을 이용하거나 다른 목적으로 사용하는 사람들도 있지요.
하나님은 그런 사람들에게 경고하고 있어요.

함께 따라해 볼까요?

"하나님의 이름을 욕되게 하는 / 죄를 지은 사람들은 / 하나님의 심판을 피할 수 없어요."

하나님은 사랑의 하나님이에요.
♡♡와 택한 사람들을 위해서 자신의 하나뿐인 아들을 이 땅에 보내 주셨어요.

또한, 하나님은 공의의 하나님이에요.
죄를 용납하실 수 없으시기에 잘못한 일에 대해서는 죗값을 치르게 하세요.

하나님의 이름으로 지키지 못할 일을 맹세했나요?
하나님은 그것이 하나님의 이름을 욕되게 하는 일이라고 말씀하세요.
하나님의 이름으로 지키지 못할 서원을 했나요?
과하게 서원하여 지키지 못한다면 그것 역시 하나님의 이름을 욕되게 하는 거예요.

하나님의 이름을 욕되게 하는 일은 하나님의 진노를 사게 되어요.
만약 이런 죄가 있다면 회개하고 다시는 그러지 말아야 해요.

다시 한 번 따라해 볼까요?

"하나님의 이름을 욕되게 하는 / 죄를 지은 사람들은 / 하나님의 심판을 피할 수 없어요."

소요리문답

56문: 제3계명을 지킬 이유로 이어서 말씀하신 것은 무엇입니까?

 답: 제3계명을 지킬 이유로 이어서 말씀하신 것은 이 계명을 범한 자들이 비록 사람의 형벌은 피할 수 있어도, 여호와 우리 하나님의 의로운 심판은 피할 수 없다는 것입니다.

마침기도

하나님의 이름으로 거짓 맹세하거나 과장된 서원을 하지 않게 해주세요. 공의의 하나님을 알고 회개하며 나아가는 ♡♡와 우리 가족 되길 원해요.

chapter 57

제4계명은
무엇인가요?

- **마음열기** 끝말잇기 놀이를 해요.

- **기도** 예배를 통해 주님께 더 가까이 나아가길 원해요. 함께 모여 예배하는 기쁨을 누리게 해주세요.

- **찬송** 찬송가 309장

- **말씀** 안식일을 기억하여 거룩히 지키라 _{출 20:8}

1년 중 ♡♡가 가장 기다리는 날은 언제인가요?
딩동댕~ 바로 ♡♡의 생일이에요.
그날은 가족이 모두 모여 생일 케이크와 맛있는 음식을 먹으며 축하를 해요.

하나님이 만드신 날 중에 가장 중요한 날은 언제일까요? 바로 주일이에요.
주일은 '주님의 날'이라는 뜻으로, 하나님이 우리에게 친히 정해 주신 날이에요.

함께 따라해 볼까요?

"제4계명은 / 하나님이 정해 주신 주일을 기억하여 / 거룩히 지키는 거예요."

주일은 어떻게 시작되었을까요?
하나님은 하늘, 땅, 꽃, 나무, 새, 물고기, 동물, 사람 등, 이 세상의 모든 것을 6일 동안 만드시고, 7일째 되는 날 쉬셨어요.
하나님이 쉬신 날이 안식일이에요. 우리에게도 안식을 명하셨어요.
이날이 바로 주일이에요. 주일은 온전히 하나님께 예배드리는 날이에요.

하나님 안에서 쉬면서 순전한 마음으로 예배드리고 새로운 힘을 공급받아요.

하나님도 6일 일하셨고 주일은 쉬셨어요.

우리도 6일 동안 열심히 일하고 주일에는 예배 안에서 쉼을 누려요.

제1계명은 예배의 대상을, 제2계명은 예배의 방법을, 제3계명은 예배의 태도를, 제4계명은 예배의 시간에 대해 말하고 있어요.

한 분 하나님께만 하나님이 가르쳐 주신 방법과 태도로

하나님이 정해 주신 시간에 예배드리는 ♡♡와 우리 가족이 되어요.

다시 한 번 따라해 볼까요?

"제4계명은 / 하나님이 정해 주신 주일을 기억하여 / 거룩히 지키는 거예요."

소요리문답

57문: 제4계명이 무엇입니까?

답: 제4계명은 "안식일을 기억하여 거룩히 지키라. 엿새 동안은 힘써 네 모든 일을 행할 것이나, 제칠 일은 너의 하나님 여호와의 안식일인즉, 너나 네 아들이나 네 딸이나 네 남종이나 네 여종이나 네 육축이나 네 문안에 유하는 객이라도 아무 일도 하지 말라. 이는 엿새 동안에 나 여호와가 하늘과 땅과 바다와 그 가운데 모든 것을 만들고 제칠 일에 쉬었음이라. 그러므로 나 여호와가 안식일을 복되게 하여 그날을 거룩하게 하였느니라." 하신 것입니다.

마침기도

하나님께서 6일 동안 일하시고 주일에 안식을 누리심으로, 우리에게 안식을 허락해 주셔서 감사드려요. 주님께 예배드리며 온전한 쉼을 누리는 ♡♡와 우리 가족 되게 해주세요.

chapter 58

제4계명이 명하는 것은 무엇인가요?

⌣ **마음열기** 쌀보리 놀이를 해보아요.

⌣ **기도** 월화수목금토일을 다 하나님께서 만들어 주셨어요. 그중에 주일만은 특별히 구별되게 지키게 도와주세요. 몸과 마음을 다해 하나님을 예배하며 쉼을 누리게 해주세요.

⌣ **찬송** 찬송가 310장

⌣ **말씀** 너는 이스라엘 자손에게 고하여 이르기를 너희는 나의 안식일을 지키라 이는 나와 너희 사이에 너희 대대의 표징이니 나는 너희를 거룩하게 하는 여호와인 줄 너희로 알게 함이라 출 31:13

하나님은 아담에게 에덴동산을 지어 주시고
사과, 귤, 배, 망고 등 모든 것을 먹도록 허락하셨어요.
단, 선악과만은 금하시어 하나님의 하나님 되심을 가르쳐 주려 하셨지요.

하나님은 월화수목금토일의 시간도 만들어 주셨어요.
월화수목금토는 열심히 땀 흘려 일하되,
주일만은 구별하여 하나님이 모든 시간의 주인임을 고백하게 하셨어요.

함께 따라해 볼까요?

"제4계명이 명하는 것은 / 하나님이 만드신 7일 중 하루를 / 온전히 거룩하게 하나님께 드리는 것이에요."

그러면 주일은 어떻게 지켜야 할까요?
하나님께서 친히 모범을 보여 주셨기 때문에

일주일 중 하루는 종일토록 거룩하게 지켜야 해요.
주일은 모든 시간의 주인이 하나님이라는 사실을 고백하는 날이에요.
하나님은 공간을 창조하시듯 시간도 창조하셨어요.

주일은 일주일을 시작하는 첫날이에요.
하나님께 예배드림으로 한 주를 시작하는 거예요.
이것은 하나님이 모든 시간의 주인이라는 고백이에요.
하나님이 주신 시간을 누리는 은혜를 감사하는 시간이지요.

주일을 준비하는 시간을 가지며 주일의 은혜를 기대해요.
주일을 맞이하며 온전한 마음으로 하나님을 예배해요.
한 주를 시작하며 모든 주권이 하나님께 있음을 고백해요.

다시 한 번 따라해 볼까요?

"제4계명이 명하는 것은 / 하나님이 만드신 7일 중 하루를 / 온전히 거룩하게 하나님께 드리는 것이에요."

소요리문답

58문: 제4계명이 명하는 것은 무엇입니까?
답: 제4계명이 명하는 것은 하나님께서 주님의 말씀으로 정하신 일정한 시간을 하나님께 거룩하게 지키는 것, 곧 이레 중 하루를 종일토록 하나님께 거룩한 안식일로 지키라는 것입니다.

마침기도

우리에게 거룩한 주일을 허락해 주셔서 감사드려요. 일주일, 한 달, 일 년 365일을 다 하나님께서 만드셨음을 고백해요. 하나님이 주신 시간을 소중히 여기며 하나님께 영광 돌리는 ♡♡와 우리 가족 되게 해주세요.

chapter 59

주일은 왜 토요일이 아니고 일요일인가요?

- **마음열기** ♡♡가 좋아하는 운동은 무엇인가요? 그 운동이 왜 좋은가요?

- **기도** 우리 예배 중에 함께하시는 하나님을 찬양해요. 주님의 구원의 빛을 전하는 우리 가정 되게 인도해 주세요.

- **찬송** 찬송가 314장

- **말씀** 안식 후 첫날에 우리가 떡을 떼려 하여 모였더니 바울이 이튿날 떠나고자 하여 저희에게 강론할 새 말을 밤중까지 계속하매 행 20:7

♡♡는 하나님이 어떻게 천지를 창조하셨는지 기억하지요?
첫째 날은 빛, 둘째 날은 하늘, 셋째 날은 바다 땅 식물, 넷째 날은 해 달 별, 다섯째 날은 새와 물고기, 여섯째 날은 각종 동물과 사람을 창조하시고, 마지막 일곱째 날 쉬셨어요. 원래는 일곱째 날 토요일이 안식일이었어요.

그럼, 왜 지금은 첫째 날을 주일로 지키게 되었을까요?
♡♡와 하나님이 택하신 사람들을 구속하시기 위해,
하나님은 인간의 모습으로 이 땅에 오셨어요.
예수님으로 말이에요.

예수님은 ♡♡와 우리를 위해 십자가에 달려 돌아가셨어요.
이 날은 금요일이었어요.

함께 따라해 볼까요?

"지금은 / 예수님이 부활하신 주일을 / 안식일로 지켜요."

예수님은 3일 만에 죽음을 이기고 부활하셨어요.
그래서 이 날이 바로 첫째 날, 주일이 된 거예요.
주님의 날이 된 거지요.

예수님이 부활하심으로 ♡♡와 우리도 부활할 수 있게 되었어요.
예수님이 부활하심으로 ♡♡와 우리 모두 예수님과 함께 영원히 살 수 있어요.

예수님이 오시기 전에는 예수님을 기다리며 안식일을 지켰지만,
예수님이 오신 이후에는 예수님의 부활을 기념하며 주일을 지켜요.
주일을 지키며 예수님과 함께할 영원한 안식을 소망해요.

다시 한 번 따라해 볼까요?

"지금은 / 예수님이 부활하신 주일을 / 안식일로 지켜요."

소요리문답

59문: 하나님께서 이레 중 어느 날을 매주의 안식일로 정하셨습니까?

  답: 세상의 처음부터 그리스도의 부활까지는 매주의 일곱째 날을 안식일로 정하셨
      고, 그 후부터 세상의 끝 날까지는 매주의 첫째 날을 안식일로 정하셨는데, 이
      날이 그리스도인의 안식일입니다.

마침기도

주일을 통해 영원한 안식을 바라볼 수 있게 도와주셔서 감사드려요. ♡♡와
우리 가족이 주님의 날을 지키며 하나님과 영원한 기쁨 가운데 안식할 날을
소망할 수 있게 도와주세요.

chapter 60

무엇이
참된 쉼인가요?

- **마음열기** '숨 안 쉬고 오래 참기' 놀이를 해보아요.

- **기도** 일주일 중에 하루는 온전히 하나님 안에서 쉴 수 있도록 해주셔서 너무 감사 드려요. 그렇지 않았다면 너무 힘들었을 것 같아요.

- **찬송** 찬송가 315장

- **말씀** 제칠 일은 너의 하나님 여호와의 안식일인즉, 너나 네 아들이나 네 육축이나 네 문안에 유하는 객이라도 아무 일도 하지 말라 출 20:10

♡♡는 주일을 어떻게 보내면 좋을 것 같나요?
잠깐 예배드리고 하루종일 텔레비전을 보면서요?
밖에 나가서 뛰어놀면서요? 한없이 자고 또 자면서요?

교회를 다니지 않는 사람들은 일요일에 주로 취미생활을 해요.
자전거를 타거나 등산을 가기도 하지요.
진짜 하루종일 텔레비전만 보기도 해요.

하지만 주일은 하나님 안에서 쉼으로 거룩히 보내야 해요.

함께 따라해 볼까요?

"주일은 / 하나님 안에서 온전한 예배를 드리며 / 몸도 마음도 쉬는 날이에요."

사람은 원래 하나님 안에 있었어요.
하나님이 다스리는 에덴동산 말예요.

우리는 예배드리며 하나님을 떠났던 시간들, 그때 저지른 죄들을 회개해요.
우리는 예배드리며 말씀 가운데 참 평안을 얻고 하나님 안에 다시금 거해요.

예배는 일이 아니에요.
예배는 하나님 앞에서 우리 영혼이
새로운 회복과 힘을 얻는 시간이에요.

주일은 거룩한 날이에요.
6일 동안 하던 일, 염려, 취미활동에서 떠나야 해요.
그래야만 우리 영혼이 원래 머물렀던 곳으로 돌아가 쉼을 누릴 수 있어요.

다시 한 번 따라해 볼까요?

"주일은 / 하나님 안에서 온전한 예배를 드리며 / 몸도 마음도 쉬는 날이에요."

소요리문답

60문: 안식일을 어떻게 거룩하게 지킬 수 있습니까?

  답: 우리는 그날 종일을 거룩하게 쉬고 다른 날에 정당한 세상일과 오락까지도 쉬고, 또한 그 모든 시간을 하나님께 공적으로나 개인적으로 예배드리는 데에 사용함으로써 안식일을 거룩하게 지킵니다. 다만 불가피한 일과 자비를 베푸는 일은 행할 수 있습니다.

마침기도

주일에는 온전히 하던 일에서 떠나 하나님 안에서 쉬길 원해요. ♡♡와 우리 가족의 몸과 마음이 참된 안식을 누리며 하나님이 주시는 새 힘을 공급받게 해주세요.

주일에 하지 말아야 할 것은 무엇일까요?

chapter 61

- 마음열기 가위바위보를 해서 이긴 사람이 "쉼을 주셔서 감사해요"를 3번 외쳐요.

- 기도 월화수목금토일 중에 주일이 제일 좋아요. 하나님과 함께하기 때문이에요. 믿는 사람들이 함께 모이기 때문이에요.

- 찬송 찬송가 320장

- 말씀 이외에도 그들이 내게 행한 것이 있나니 당일에 내 성소를 더럽히며 내 안식일을 범하였도다 겔 23:38

주일에는 어떤 일들을 하면 안 될까요?
하나, 먹고 살기 위해 일주일 동안 했던 일들을 하면 안 돼요.
하나님은 좋은 아버지세요. 일주일 중 6일을 일하고 하루를 쉬도록 명령하셨어요.
그것은 하루를 쉬어도 부족함이 없이 채우시겠다는 뜻이에요.
하지만 사람들은 그것을 믿지 못해서 주일에도 쉬지 않고 일을 해요.
하루를 쉬는 것은 하나님에 대한 믿음으로 쉬는 것이에요.
하나님은 그 믿음에 응답하세요.

둘, 모든 오락을 쉬어야 해요.
우리 삶의 목적은 재미있게 사는 것이 아니에요. 하나님께 영광 돌리는 것이에요.
주일은 이 목적에 맞게 사는 날이에요.
모든 오락을 쉬고 예배에 온전히 집중하는 날이에요.

함께 따라해 볼까요?

"주일은 / 먹고살기 위해 했던 일과 / 오락을 쉬고 / 하나님께 집중하는 날이에요."

이뿐만이 아니에요.

게으르고 나태한 태도도 멀리해야 해요.

죄악된 행동이나 범죄를 저지르지 말아야 해요.

이 모든 것은 예배를 소홀히 할 수 있는 요소이기 때문이에요.

주일날 어떻게 시간을 보내면 좋을지 한번 생각해 보아요.

예배드리기 전 깨끗한 모습으로 준비해요.

예배드리기 전 우리 예배를 받아 주시길 기도해요.

예배 때 찬양, 말씀, 기도에 온 마음을 다해요.

예배 후에도 함께 예수님을 알아가는 사람들과 교제해요.

예배 후에도 어려운 이웃들을 예수님의 마음으로 도와줘요.

참 안식과 쉼을 예수님 안에서 누려요.

다시 한 번 따라해 볼까요?

"주일은 / 먹고살기 위해 했던 일과 / 오락을 쉬고 / 하나님께 집중하는 날이에요."

소요리문답

61문: 제4계명이 금하는 것은 무엇입니까?

답: 제4계명이 금하는 것은 명하신 의무를 이행하지 않거나 부주의하게 이행하는 것이며, 게으르거나 그 자체로 죄악적인 일을 하거나 또는 세상일과 오락에 관련된 불필요한 생각과 말과 일을 함으로써 그날을 더럽히는 것입니다.

마침기도

주일만큼은 6일 동안 하던 일에서 온전히 떠날 수 있게 도와주세요. 오락의 유혹과 나태함에서 떠날 수 있도록 도와주세요.

chapter 62

안식일의 주인은 하나님입니다.

- **마음열기** 넌센스 퀴즈: 돌아온 탕자를 보고 슬퍼하며 운 것은 누구인가요? (답: 살찐 송아지)

- **기도** 주일에 교회에서도 예배드리고 우리 가정에서도 예배드릴 수 있으니 너무 감사드려요. 모든 시간의 주인이 하나님이심을 고백해요.

- **찬송** 찬송가 321장

- **말씀** 엿새 동안은 힘써 네 모든 일을 행할 것이나 출 20:9

♡♡는 출애굽 이야기를 알고 있지요?
하나님이 노예로 있는 이스라엘 백성을 이집트에서 광야로 데리고 나오신 일을요.
아무것도 없는 광야에서 이스라엘 백성은 무엇을 먹고 살았을까요?
맞아요. 하나님이 만나와 메추라기를 보내 주셨어요.
이스라엘 백성은 6일 동안은 매일 나가서 만나와 메추라기를 주워야 했어요.
그러나 7일째는 줍지 않고 하나님 안에서 쉼을 누려야 했어요.
대신 하나님이 6일째에 두 배로 주워 올 수 있도록 허락하셨지요.
또한 그것들이 썩지 않도록 보존해 주셨어요.

하나님은 우리가 주일을 소중히 여기는 것을 기뻐하세요.
6일 동안 열심히 일하고 하루 쉬더라도 하나님은 모든 일을 책임져 주시지요.

함께 따라해 볼까요?

"안식일의 주인은 하나님이세요. / 하나님이 안식일의 모든 것을 책임져 주세요."

하나님을 믿지 못하면 어떻게 될까요?

어떤 사람들은 6일 일하는 것도 모자라, 7일간 일하며 욕심을 부려요.

어떤 학생들은 6일 공부하는 것도 모자라, 주일에도 공부하며 예배를 등한시해요.

당장은 좀 더 열심히 일하니 원하는 것을 얻는 것처럼 보일 수 있어요.

하지만, 안식일의 주인은 하나님이에요.

하나님께 믿고 맡기고 예배드리는 하나님의 백성을

하나님은 책임져 주시고 섭리로 인도해 주세요.

하나님은 ♡♡와 우리 가족이 6일 동안 열심히 일하고 공부하는 것을 기뻐하세요.

그리고 주일에 하나님께 예배드리며 쉼과 회복을 얻는 것을 기뻐하세요.

왜냐하면 주일의 주인은 하나님이시기 때문이에요.

다시 한 번 따라해 볼까요?

"안식일의 주인은 하나님이세요. / 하나님이 안식일의 모든 것을 책임져 주세요."

소요리문답

62문: 제4계명을 지킬 이유로 이어서 말씀하신 것은 무엇입니까?

  답: 제4계명을 지킬 이유로 이어서 말씀하신 것은 우리 자신의 일을 하도록 엿새를 허락하여 주셨고, 제칠 일을 주님의 특별한 소유로 주장하셨고, 친히 모범을 보여 주셨고, 안식일을 복 주신 것입니다.

마침기도

♡♡와 우리 가족 모두 6일 동안 열심히 일하고 공부할게요. 주일은 주님의 날이니 주님 안에서 예배드리며 쉼과 회복을 누리도록 인도해 주세요. 은혜 부어 주세요.

제5계명은 무엇인가요?

- **마음열기** '수건 돌리기' 놀이를 해보아요.

- **기도** 우리가 지금 이 시간 함께 예배를 드리는 가족이 되게 해주셔서 감사해요. 주님이 주신 사랑으로 사랑하며 감사하는 우리 가족 되게 인도해 주세요.

- **찬송** 찬송가 323장

- **말씀** 네 부모를 공경하라 그리하면 너의 하나님 나 여호와가 네게 준 땅에서 네 생명이 길리라 출 20:12

사람과 사람 사이에는 질서가 있어요.
선배와 후배가 있고, 선생님과 학생이 있어요.
상사와 부하직원이 있고, 대장과 이등병이 있어요.
그리고 부모와 자녀가 있지요.

이런 질서는 누가 주셨을까요? 바로 하나님이에요.
하나님은 사람들 사이에 질서를 주심으로 순서와 권위를 만드셨어요.

함께 따라해 볼까요?

"하나님은 사람들 사이에 / 질서를 만들어 주셨어요."

왜 이런 질서가 필요할까요?
바로, 세상이 유지되기 위해서예요.
이러한 질서와 순서에 따라 움직이기 위해서는 권위가 필요해요.
권위가 없다면 세상은 무질서하게 돌아갈 거예요.

136 알콩달콩 소요리문답 가정예배

교실에 선생님이 계시기에 그 권위에 순종하며 학생들이 질서를 유지할 수 있어요.
가정도 마찬가지예요.
자녀가 부모의 권위에 순종할 때 가정이 질서 있게 유지되어요.
부모 또한 먼저 하나님의 권위에 순종해야겠지요?
부모는 하나님이 주신 권위로 자녀들을 잘 권면하며 키우고,
자녀들은 하나님이 보내 주신 부모님의 권위에 순종해요.

♡♡는 엄마, 아빠를 하나님이 보내 주셨다고 믿나요?
엄마, 아빠도 하나님이 ♡♡를 보내 주셨다고 믿어요.
하나님이 만들어 주신 우리 가정을 질서 있게 잘 가꾸어요.

다시 한 번 따라해 볼까요?

"하나님은 사람들 사이에 / 질서를 만들어 주셨어요."

소요리문답

63문: 제5계명이 무엇입니까?
　답: 제5계명은 "네 부모를 공경하라. 그리하면 너의 하나님 나 여호와가 네게 준 땅에서 네 생명이 길리라." 하신 것입니다.

마침기도
세상의 모든 질서와 권위를 허락해 주신 하나님께 감사드려요. 우리에게 주신 부모님의 권위를 더욱 존중할 수 있도록 인도해 주세요.

chapter 64

제5계명이 명하는 것은 무엇인가요?

- **마음열기** ♡♡가 소요리문답 가정예배를 통해 새롭게 알게 된 하나님은 어떤 분이신가요?

- **기도** ♡♡를 이렇게 의젓하고 맑고 밝게 키워 주셔서 감사드려요. 주님 안에서 말씀 잘 먹고 쑥쑥 자라도록 도와주세요.

- **찬송** 찬송가 337장

- **말씀** 각 사람은 위에 있는 권세들에게 굴복하라 권세는 하나님께로 나지 않음이 없나니 모든 권세는 다 하나님의 정하신 바라 롬 13:1

♡♡는 존경하는 사람을 만나면 어떻게 행동하나요?
높임말을 쓰고, 함부로 장난치지 않고 바른 자세로 대하겠지요.
먼저 배려하고 섬기겠지요.
이런 모습을 매너라고 해요.

하나님은 사람들이 서로서로 존경하는 태도로 대해야 한다고
제5계명을 통해서 알려 주셨어요.

함께 따라해 볼까요?

"제5계명이 명하는 것은 / 사람들은 서로서로 / 존중하는 태도로 대해야 한다는 거예요."

다른 사람을 존중하는 매너는 왜 필요할까요?
사람은 누가 만드셨지요? 하나님이 만드셨어요.
누구의 형상을 닮도록 만드셨지요? 하나님의 형상을 닮도록 만드셨어요.

사람은 하나님의 형상을 닮았기에
어린아이도 어른도, 아랫사람도 윗사람도, 여자도 남자도, 피부색이 달라도 다 소중해요.

작고 약한 어린아이라고 무시해도 되나요? 안 돼요.
나보다 밑에 있는 부하라고 무시해도 되나요? 안 돼요.
생김새가 다르다고 무시해도 되나요? 안 돼요.

예수님도 어린아이들의 친구셨고, 가장 낮은 사람들의 친구셨어요.
무시하는 이방 여인에게도 찾아가셨어요. 예수님도 우리 모두를 존중하셨어요.
예수님처럼 부모님뿐만 아니라 모든 사람을 존중함으로
하나님의 질서를 지키는 ♡♡와 우리 가족이 되어요.

다시 한 번 따라해 볼까요?

"제5계명이 명하는 것은 / 사람들은 서로서로 / 존중하는 태도로 대해야 한다는 거예요."

소요리문답

64문: 제5계명이 명하는 것은 무엇입니까?

  답: 제5계명이 명하는 것은 윗사람과 아랫사람, 그리고 동료와 같은, 각각의 여러 지위와 인륜(人倫) 관계에서 각 사람의 명예를 존중하고 각 사람에 대한 의무를 수행하라는 것입니다.

마침기도

우리에게 가족과 이웃을 허락해 주셔서 감사드려요. 하나님의 형상으로 지음 받은 존재임을 기억하고 존중하며 소중히 여길 수 있도록 도와주세요.

chapter 65

서로 존중하려면
무엇을 해야 할까요?

ᗷ **마음열기** 온 가족이 '신문지 위에 중심 잡고 서 있기 놀이'를 하면서 얼마나 작게 접은 신문지에까지 올라갈 수 있는지 알아보아요.

ᗷ **기도** 사람을 하나님의 형상대로 만들어 주시다니 놀라워요. 하나님처럼 사랑하며 함께하는 우리 가족 되게 해주세요.

ᗷ **찬송** 찬송가 338장

ᗷ **말씀** 하나님이 이르셨으되 네 부모를 공경하라 하시고 또 아비나 어미를 훼방하는 자는 반드시 죽으리라 하셨거늘 너희는 가로되 누구든지 아비에게나 어미에게 말하기를 내가 드려 유익하게 할 것이 하나님께 드림이 되었다고 하기만 하면 그 부모를 공경할 것이 없다 하여 너희 유전으로 하나님의 말씀을 폐하는도다 마 15:4-6

♡♡는 별명이 있나요?
집에서 부르는 공주님, 왕자님은 듣기 좋지요?
하지만 외모나 이름을 가지고 놀려대듯이 ♡♡를 부른다면 기분이 어떨까요?
아마 속상하고 화가 날 거예요.
왜냐면 공주님, 왕자님은 ♡♡를 높이고 존중하는 기분 좋은 별명이지만,
무시하고 놀리는 별명은 존중받지 못하는 느낌을 주기 때문이에요.

함께 따라해 볼까요?

"사람은 누구나 / 나와 생각과 모습이 달라도 / 존중받아야 해요."

사람을 존중한다는 것은 그 사람을 인격적으로 대한다는 뜻이에요.
이것은 하나님을 믿는 믿음과도 관련이 있어요.

참 믿음은 모든 창조가 하나님의 능력으로 되었으며,
특히 인간이 하나님의 형상으로 되었음을 믿는 거예요.
이러한 믿음의 바탕 위에 인격적인 태도가 나오는 것이에요.

하나님이 피부색이 다르다고 차별할까요? No. 우리도 차별하지 않아요.
하나님이 남자와 여자를 차별할까요? No. 우리도 차별하지 않아요.
하나님이 장애인과 비장애인을 차별할까요? No. 우리도 차별하지 않아요.
하나님이 부자와 가난한 사람을 차별할까요? No. 우리도 차별하지 않아요.
하나님이 생각이 다르다고 차별할까요? No. 우리도 차별하지 않아요.

제5계명에는 다른 사람을 존중하지 않는 말과 행동을 주의하라는 의미가 담겨 있어요.

다시 한 번 따라해 볼까요?

"사람은 누구나 / 나와 생각과 모습이 달라도 / 존중받아야 해요."

소요리문답

65문: 제5계명이 금하는 것은 무엇입니까?

답: 제5계명이 금하는 것은 각각의 여러 지위와 인류 관계에서 각 사람의 명예를 존중하지 않고, 각 사람에 대한 의무 수행하기를 소홀히 하거나 거스르는 것입니다.

마침기도

재미로 친구를 놀렸던 일이 있었다면 용서해 주세요. 앞으로 하나님처럼 사람을 존중할게요. 사람을 함부로 대하지 않고 하나님의 형상으로 보도록 새 눈을 허락해 주세요.

chapter 66

하나님이 정한 권위에 순종할 때
주시는 복은 무엇인가요?

- **마음열기** 몸에 좋은 음식에는 무엇이 있을까요? ♡♡는 그것을 좋아하나요?

- **기도** 엄마, 아빠뿐만 아니라 사람들을 존중하는 마음을 주셔서 감사드려요. 예배드릴 때 가장 좋으신 하나님을 만나게 해주세요.

- **찬송** 찬송가 348장

- **말씀** 네 부모를 공경하라 그리하면 너의 하나님 나 여호와가 네게 준 땅에서 네 생명이 길리라 출 20:12

엄마, 아빠는 우리 ♡♡가 건강하게 자라길 원해요.
그래서 영양가 높은 음식을 만들어 주지요.
건강에 좋은 운동도 할 수 있게 해주고요.
마음 건강에 좋은 책도 읽게 해주세요.

제5계명을 잘 지키는 사람들에게는 좋은 것이 있어요.
그것은 하나님이 주신 땅에서 오래 사는 것이에요.
그것은 하나님이 주신 땅에서 잘 사는 것이에요.

함께 따라해 볼까요?

"하나님께서 주신 / 부모님의 권위를 인정하고 따를 때 / 장수와 번영의 복을 누려요."

♡♡는 하나님의 권위를 인정해요.
그렇기 때문에 이렇게 예배도 드리고 하나님의 말씀에 순종하는 거예요.
이런 ♡♡의 모습을 보고 하나님은 기뻐하세요.

예수님은 하나님의 권위를 인정하고 십자가에 못 박히시기까지 순종하셨지요.
엄마, 아빠의 권위도 하나님께서 주신 거예요.
엄마, 아빠의 권위를 인정하고 따를 때
하나님은 장수의 복과 번영의 복을 약속하셨어요.

세상의 모든 권위는 하나님에게서 나왔어요.
어른의 권위, 직장 상사의 권위, 선생님의 권위, 나라를 다스리는 사람들의 권위,
모두 하나님께서 허락하신 거예요.
이들의 권위를 인정하고 따를 때 세상에서도 칭찬해 주어요.

다시 한 번 따라해 볼까요?

"하나님께서 주신 / 부모님의 권위를 인정하고 따를 때 / 장수와 번영의 복을 누려요."

소요리문답

66문: 제5계명을 지킬 이유로 이어서 말씀하신 것은 무엇입니까?

답: 제5계명을 지킬 이유로 이어서 말씀하신 것은 이 계명을 지키는 모든 사람이 장수하고 번영하리라는 약속입니다. 다만 하나님께 영광이 되고 그들에게 선이 되는 한, 그렇습니다.

마침기도

엄마, 아빠를 엄청 사랑해요. 하나님께서 주신 부모님의 권위를 인정하고 순종하겠어요. 이렇게 좋은 일을 하면서도 오래 살고 잘 사는 복을 주셔서 감사드려요.

chapter 67

제6계명이
무엇인가요?

⌣ **마음열기** 넌센스 퀴즈: 세계 최초로 가죽 패션을 선보인 사람은 누구일까요? (답: 아 담과 하와)

⌣ **기도** 하나님은 정말 좋으신 분이에요. ♡♡와 우리 가족을 위해 놀라운 보물을 말 씀 가운데 숨겨 주셨어요. 지금 이 시간 우리 가족과 함께해 주시고 친히 말씀 해 주세요.

⌣ **찬송** 찬송가 349장

⌣ **말씀** 살인하지 말지니라 출 20:13

생명은 무엇보다 소중해요.
그렇기 때문에 ♡♡의 안전을 엄마, 아빠는 무엇보다 바라는 거예요.
하나님은 생명의 소중함에 대해 우리에게 말씀해 주셨어요.
그래서 "살인하지 말라."고 하신 거예요.

♡♡가 길을 가다가 무심코 밟은 개미나
채집하여 죽게 된 나비, 잠자리는 어떨까요?
곤충은 제6계명에 해당되지 않아요.
그럼 ♡♡가 좋아하는 돼지고기, 소고기, 닭고기를 먹는 건 어떨까요?
가축도 제6계명에 해당되지 않아요.
하지만 곤충과 가축들의 생명도 소중하기 때문에 함부로 여기면 안 돼요.

함께 따라해 볼까요?

"하나님은 곤충, 동물들보다도 / 사람의 생명을 소중하게 여기셨어요."

사람의 생명은 왜 이렇게 소중할까요?
사람이 하나님의 형상을 닮았기 때문이에요.
하나님은 사람을 만드실 때, 흙으로 빚으시고 생명을 불어넣어 주셨어요.
호흡을 하며 숨 쉴 수 있도록 하나님이 생명을 주셨어요.
사람에게만 그렇게 하셨어요.

생명을 중요하게 여기는 방법은 세 가지예요.
하나, 생명을 죽이지 않는 거예요. 생명의 주인은 하나님이에요.
둘, 생명을 소중히 여기는 거예요. 욕이나 상처 주는 말을 하지 않아요.
셋, 생명을 살리는 거예요. 아픈 사람을 돌봐 주고 간호해요.

♡♡와 우리 가족이 서로에게 상처 주는 말을 한 적이 있지요?
회개 기도 해요. 하나님께 용서를 구하고 서로 아끼고 사랑하는 말을 해요.

다시 한 번 따라해 볼까요?

"하나님은 곤충, 동물들보다도 / 사람의 생명을 소중하게 여기셨어요."

소요리문답

67문: 제6계명이 무엇입니까?
　답: 제6계명은 "살인하지 말지니라." 하신 것입니다.

마침기도

생명의 주인이 하나님이심을 고백해요. 말이나 태도로 사람에게 상처 주었던 일들을 용서해 주세요. 그리고 앞으로 가장 소중한 생명을, 사람들을 소중히 여기게 도와주세요.

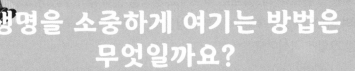

chapter 68

생명을 소중하게 여기는 방법은 무엇일까요?

- ✓ **마음열기** ♡♡가 가고 싶은 나라는 어디인가요? 그 이유는 뭔가요?

- ✓ **기도** 우리 안에 하나님의 형상이 있다는 사실이 신기해요. ♡♡와 우리 가족, 이웃을 더욱 아끼고 사랑하게 해주세요.

- ✓ **찬송** 찬송가 352장

- ✓ **말씀** 가난한 자와 고아를 위하여 판단하며 곤란한 자와 빈궁한 자에게 공의를 베풀지며 가난한 자와 궁핍한 자를 구원하여 악인들의 손에서 건질지니라 하시는도다 시 82:3-4

♡♡가 좋아하는 인형이 있나요? 그 인형이 왜 좋은가요?
귀여워서, 예뻐서, 소중한 선물이라서?
그렇지만 인형에게는 생명이 없어요.

♡♡는 어떤가요? ♡♡가 얼마나 소중한지는 측정조차 할 수 없어요.
♡♡는 하나님의 형상을 닮은 존재일 뿐 아니라,
하나뿐인 하나님의 아들이 십자가에 달려 돌아가시면서 구원해 주신 생명이에요.

함께 따라해 볼까요?

"소중한 사람의 마음과 생명을 / 적극적으로 지키고 보존해요."

예수님께서 말씀하셨어요.
다른 사람을 미워하고 시기하고 욕하는 사람은 큰 심판을 받게 될 거라고요.
왜 예수님은 우리 마음의 미움과 시기를 이렇게 큰 죄라고 말씀하셨을까요?
그런 마음이 살인할 수 있는 동기가 되기 때문이에요.

이것은 아주 작은 불씨가 큰 산불로 이어지는 것과 같아요.
아주 작은 미움과 시기의 마음이 나도 죽이고 다른 사람도 죽일 수 있어요.

그래서 적극적으로 우리 마음을 지켜야 해요.
그래서 적극적으로 다른 사람의 생명을 소중히 여겨야 해요.

지금도 전 세계에는 굶어 죽어가는 사람들이 많아요.
지금도 전 세계에는 아파서 죽어가는 사람들이 많아요.
우리는 우리 마음을 지켜 이런 어려운 이웃을 위해 기도하며 행동해야 해요.
♡♡와 우리 가족 모두 마음을 잘 지키고 이웃을 돌아보며 기도해요.

다시 한 번 따라해 볼까요?

"소중한 사람의 마음과 생명을 / 적극적으로 지키고 보존해요."

소요리문답

68문: 제6계명이 명하는 것은 무엇입니까?
　답: 제6계명이 명하는 것은 모든 정당한 노력을 기울여 자기 자신의 생명과 다른
　　사람의 생명을 보존하라는 것입니다.

마침기도

♡♡와 우리 가족의 마음을 지켜 주세요. 사랑으로 채워 주세요. 다른 사람
의 생명을 지키는 일에 동참하기 원해요. 어려운 이웃을 향한 예수님의 마음
을 허락해 주세요.

chapter 69

제6계명이 금하는 것은 무엇인가요?

- **마음열기** ♡♡가 가장 좋아하는 노래는 무엇인가요? 그 이유는 무엇인가요?

- **기도** 오늘 하루도 힘차게 활동할 수 있는 생명력을 주셔서 너무 감사해요. ♡♡와 우리 가족이 살아 있음이 하나님께 기쁨 되기 원해요.

- **찬송** 찬송가 354장

- **말씀** 그 형제를 미워하는 자마다 살인하는 자니 살인하는 자마다 영생이 그 속에 거하지 아니하는 것을 너희가 아는 바라 요일 3:15

♡♡가 아기였을 때 기억나나요?
배가 고파도 울고, 졸려도 울고, 똥이 마려워도 울었지요.
그건 ♡♡가 아기였기 때문에 말로 표현할 수 없었기 때문이에요.

세상에는 생명의 주인이 하나님임을 모르는 사람들이 많아요.
마음의 고통이 너무 심해서 어떻게 표현해야 할지 몰라 자신을 해치기도 하고,
배 속에 있는 아기가 축복임을 알지 못한 채 두려움에 아기를 해치기도 해요.
세상에는 이런 슬픈 일들이 많이 일어난답니다.

함께 따라해 볼까요?

"모든 사람의 생명은 소중해요. / 생명의 주인은 하나님이세요."

왜 사람들은 자신의 생명을 함부로 할까요?
그것은 자신이 얼마나 귀한 존재인지 모르기 때문이에요.
하나님을 닮은 소중한 존재라는 것을 모르기 때문이에요.

힘들고 어려운 상황이 지속될 때 어떻게 해결해야 할지 모르기 때문이에요.

왜 사람들은 남의 생명을 함부로 할까요?
하나님을 모르고, 자신의 욕심만 누리기 원하기 때문이에요.
왕이 노예를 소유물로 생각하듯, 자신의 권위로 안락을 누리려 하기 때문이에요.

하나님을 알지 못할 때 생명의 가치를 더 가볍게 여기게 되어요.
그래서 하나님을 모르는 사람들에게 하나님을 전해야 해요.
그것이 그도 구원받고 다른 사람의 생명도 소중히 여기는 길이에요.

다시 한 번 따라해 볼까요?

"모든 사람의 생명은 소중해요. / 생명의 주인은 하나님이세요."

소요리문답

69문: 제6계명이 금하는 것은 무엇입니까?
　답: 제6계명이 금하는 것은 자기 자신의 생명이나 이웃의 생명을 불의하게 빼앗거나 죽음으로 이끄는 모든 것입니다.

마침기도

우리 주변에 하나님을 모르는 사람들이 많아요. 자기 자신이 얼마나 귀한지 모르는 사람들이 많아요. 그들에게 하나님이 주신 생명의 귀함을 알려 주고 싶어요. ♡♡와 우리 가족에게 하나님을 전할 수 있는 용기를 주세요.

chapter 70

제7계명은
무엇인가요?

ᴗ **마음열기** 나무젓가락을 던져 통에 집어넣는 게임을 해보아요.

ᴗ **기도** 우리 가족이 하나님께 더 가까이 나아가길 원해요. 예배를 통해서 우리에게
다가와 주세요.

ᴗ **찬송** 찬송가 358장

ᴗ **말씀** 간음하지 말지니라 출 20:14

하나님이 태초에 아담과 하와를 만드셨어요.
왜 아담 홀로 두지 않으시고 하와를 만드셨을까요?
그것은 하나님께서 아담과 하와를 통해 가정을 만드시기 위함이었어요.

아담과 하와가 가정을 이룸으로 한 몸이 된 것처럼
아담 이후의 자손들도 남자와 여자가 만나 한 몸이 되어 가정을 이루었어요.
많은 자손을 낳고 번성했어요.

함께 따라해 볼까요?

"제7계명은 / 남자와 여자가 만나 가정을 이루고 / 자손을 낳아 서로에게 충성하라는 거예
요."

엄마는 아빠한테 특별한 존재예요.
아빠도 엄마에게 특별한 존재예요.
하나님 안에서 서로에게 충성하기로 약속한 관계인 거예요.

이 약속을 깨는 것을 "간음"이라고 해요.

생육하고 번성하라는 하나님의 명령을 이행하기 위해서는 가정이 필요해요.

가정을 유지하려면 엄마, 아빠가 약속의 관계를 잘 지켜야 하고요.

아이는 아빠를 보며 남성에 대해서 배워요.

아이는 엄마를 보며 여성에 대해서 배워요.

엄마, 아빠의 사랑과 보살핌이 있어야 가정이 건강하게 유지될 수 있어요.

이 관계가 깨지면 가정을 건강하게 지키기 어려워요.

건강한 가정을 유지하기 위해서는
엄마, 아빠뿐만 아니라 자녀들도 부모님께 순종함으로 함께 노력해야 해요.

다시 한 번 따라해 볼까요?

"제7계명은 / 남자와 여자가 만나 가정을 이루고 / 자손을 낳아 서로에게 충성하라는 거예요."

소요리문답

70문: 제7계명이 무엇입니까?

답: 제7계명은 "간음하지 말지니라." 하신 것입니다.

마침기도

하나님이 만들어 주신 가정 안에서 ♡♡가 태어나게 해주셔서 감사해요. 엄마, 아빠가 서로 사랑하고 ♡♡도 부모님께 순종함으로, 아름다운 가정을 잘 지키도록 도와주세요.

chapter 71

제7계명이 명하는 것은 무엇인가요?

⌣ **마음열기** 엄마나 아빠가 물수건을 가져다가 ♡♡의 손과 발을 깨끗이 닦아 주어요.

⌣ **기도** 이 시간만큼은 우리 마음을 하나님께로 향하기 원해요. 할 일은 많지만 그것을 생각하지 않고, 하나님만 생각하고 바라보아요. 예배 가운데 저희와 함께해 주세요.

⌣ **찬송** 찬송가 360장

⌣ **말씀** 나는 너희에게 이르노니 여자를 보고 음욕을 품는 자마다 마음에 이미 간음하였느니라 마 5:28

딴딴따다~ 딴딴따다~
♡♡도 결혼식에 가 본 적이 있지요? 신랑 신부의 모습이 어땠나요?
서로 사랑하는 눈빛으로 함께하는 모습이 행복해 보였나요?
결혼식은 일가친척 앞에서 한 가정을 이루어
생각과 말과 행동을 맞추어 가며 하나 되어 살겠다는 약속을 하는 자리예요.

신랑 신부는 서로를 짝으로 선택했지만,
성경은 부부를 하나님께서 짝지어 주셨다고 말씀하세요.
믿는 사람들의 결혼은 하나님 안에서의 새로운 시작이에요.
하나님께서 짝지어 주셨기에 나눌 수 없다고 예수님은 말씀하셨어요.

함께 따라해 볼까요?

"제7계명이 명하는 것은 / 생각과 말과 행동에서 / 나와 이웃의 순결을 보존하라는 거예요."

결혼은 남자와 여자가 만나서 한 몸을 이루는 거예요. 한 가정을 이루는 거예요.
남자와 남자가 아니고, 여자와 여자가 아니고, 남자와 여자를 만드신 이유는
서로 다른 두 성이 만나서 한 가정을 이루게 하기 위해서예요.

한 몸은 나누어질 수 없어요. 나누면 엄청난 상처가 남아요. 생명에도 위험해요.
결혼한 남자와 여자는 결혼한 순간부터 끝까지
서로를 순결한 마음과 몸과 행동으로 대해야 해요.

♡♡의 엄마, 아빠도 이렇게 하나님의 인도하심 가운데 만났어요.
하나님이 주신 이 가정은 한 몸이에요.
평생 서로를 존중하고 사랑하며 나아가야 해요.

다시 한 번 따라해 볼까요?

"제7계명이 명하는 것은 / 생각과 말과 행동에서 / 나와 이웃의 순결을 보존하라는 거예요."

소요리문답

71문: 제7계명이 명하는 것은 무엇입니까?

   답: 제7계명이 명하는 것은 마음과 말과 행동에서 자기 자신의 정조(貞操)와 이웃
      의 성적 순결을 보존하라는 것입니다.

마침기도

엄마, 아빠를 하나님 안에서 만나게 하시고 한 몸인 가정을 이루게 해주셔서
감사해요. 이 안전한 가정 안에 ♡♡를 보내 주셔서 감사해요. ♡♡도 순결
하게 커서 아름다운 가정을 이루게 축복해 주세요.

chapter 72

제7계명이 금하는 것은 무엇인가요?

- ᴗ **마음열기** ♡♡는 커서 어떤 엄마, 아빠가 되고 싶은가요? 왜 그런가요?

- ᴗ **기도** 푸른 하늘을 보아요. 하나님이 만드신 푸른 하늘, 너무나 푸르러요. 하늘보다 더 높으신 하나님을 말씀 가운데 만나게 해주세요.

- ᴗ **찬송** 찬송가 364장

- ᴗ **말씀** 음행과 온갖 더러운 것과 탐욕은 너희 중에서 그 이름이라도 부르지 말라 이는 성도의 마땅한 바니라 엡 5:3

♡♡가 정말 간절히 원하던 장난감 선물을 받았을 때, 기분이 어땠나요?
너무너무 행복했을 거예요.
그리고 날마다 그 장난감을 가지고 놀았을 거예요.
그런데 한 달 후, 친구네 집에 놀러가서 더 멋진 장난감을 보았어요.
어떤 마음이 들까요?
내 장난감이 시시하게 느껴지면서 친구의 장난감이 갖고 싶어질 거예요.

남자와 여자가 서로 사랑해서 결혼했어요.
하지만 서로 다른 환경에서 살아온 두 사람이
한 가정을 이루는 일은 결코 쉽지 않아요.
의견 충돌이 있을 수도 있고 내가 모르던 배우자의 모습에 실망할 수도 있어요.
그래도 이 가정을 만들어 주신 하나님을 신뢰해야 해요.

함께 따라해 볼까요?

"제7계명이 금하는 것은 / 가정을 깨어 버리는 거예요."

하나님을 신뢰하지 못하면 어떻게 될까요?

내 선택이 잘못된 거라고 후회해요.

배우자 말고 다른 사람이 눈에 들어와요.

가정에 충실하지 않고 다른 곳에 마음과 몸과 행동을 옮겨요.

하나님을 원망해요.

이 모든 것이 제7계명이 금하는 죄예요.

가정을 만들어 주신 하나님을 신뢰하면서

부부 안에서 허락된 아름다운 관계를 즐기고 누려야 해요.

우리 마음까지도 보시는 하나님께서

우리 마음과 생각과 행동이 하나님을 신뢰하길 원하세요.

다시 한 번 따라해 볼까요?

"제7계명이 금하는 것은 / 가정을 깨어 버리는 거예요."

소요리문답

72문: 제7계명이 금하는 것은 무엇입니까?

답: 제7계명이 금하는 것은 모든 부정(不貞)한 생각과 말과 행동입니다.

마침기도

우리 가족이 마음과 몸과 생각을 지키며 믿음의 가정을 지키도록 인도해 주세요. ♡♡가 믿음 안에서 믿음의 배우자 만나도록 인도해 주세요. 잘 준비되게 해주세요.

chapter 73

제8계명은 무엇인가요?

↪ **마음열기** 칠교로 여우를 만들어 보아요.

↪ **기도** 우리 마음을 살피시는 하나님, 오늘 하루 ♡♡와 우리 가족의 마음이 맑음이 길 원해요. 불편한 마음은 하나님께서 예배 후에 맑음으로 바꾸어 주세요.

↪ **찬송** 찬송가 365장

↪ **말씀** 도적질하지 말지니라 _{출 20:15}

길을 가는데 지갑이 땅에 떨어져 있는 걸 보았어요.
지갑을 주워서 보니 그 안에 큰 돈이 들어 있었어요.
이 지갑을 어떻게 하면 좋을까요?

모든 물건에는 주인이 있어요.
우리 집에도 아빠 물건, 엄마 물건, ♡♡의 물건이 있듯이요.
다른 사람의 물건을 탐내어 가져가는 것을 '도둑질'이라고 해요.
하나님은 도둑질하지 말라고 하셨어요.

함께 따라해 볼까요?

"제8계명은 / '다른 사람의 물건을 도둑질하지 말라' / 는 거예요."

사실 이 세상 모든 것이 다 하나님의 것이에요.
그래서 내 것이라도 하나님의 것으로 인정하고 나누며 살아야 해요.

그렇다고 다른 사람의 소유로 허락된 물건을
내 것인 양 강제로 빼앗으면 안 돼요.
그런 행동을 하나님은 몹시 싫어하세요.

하나님은 우리에게 일할 수 있는 능력을 주셨어요.
아빠와 엄마는 ♡♡와 가정을 위해 기쁨으로 각자의 영역에서 일을 해요.
요리, 설거지, 빨래 같은 집안일도 같이 하고요.
하나님께서 주신 사명을 가지고 땀을 흘려 일을 해요.
열심히 땀 흘린 대가를 얻는 기쁨을 누려요.

땀 흘려 노력하지 않고 다른 사람의 소유를 빼앗는 것은 범죄예요.
일하지 않고 큰 대가를 얻고 싶은 마음은 "도둑놈 심보"예요.
하나님은 땀 흘려 사명을 감당하는 자에게 합당한 대가를 주심으로
기쁨을 누리게 하셨어요.

다시 한 번 따라해 볼까요?

"제8계명은 / '다른 사람의 물건을 도둑질하지 말라' / 는 거예요."

소요리문답

73문: 제8계명이 무엇입니까?
    답: 제8계명은 "도둑질하지 말지니라." 하신 것입니다.

마침기도
우리에게 일을 할 수 있는 몸과 마음을 허락해 주셔서 감사드려요. 어떤 일
이든 하나님께서 주셨음을 고백하고 최선을 다할 수 있도록 인도해 주세요.

chapter 74

돈을 벌고 모으는 것은 죄인가요?

- **마음열기**   엄마와 실뜨기를 해봐요.

- **기도**   ♡♡와 우리 가족에게 건강을 허락해 주세요. 일할 기회도 허락해 주세요. 기쁨으로 일할 수 있도록 인도해 주세요.

- **찬송**   찬송가 370장

- **말씀**   돌이켜 빈궁한 자에게 구제할 것이 있기 위하여 제 손으로 수고하여 선한 일을 하라 엡 4:28

우리 민족은 남한과 북한으로 나누어져 있어요.
북한은 공산주의 국가고, 남한은 민주주의 국가예요.
북한을 보면 백성은 늘 가난하고 굶고 있잖아요.
그걸 보면 공산주의가 실패했음을 알 수 있지요.

민주주의는 어떤가요?
사람들은 돈을 원하는 만큼 벌 수 있어요.
돈이 많으면 많을수록 살 수 있는 게 많아져요.
다른 사람들에게 피해를 주면서 돈을 더 많이 모으려는 사람들도 있어요.
하지만 그건 하나님이 원하시는 방법이 아니에요.

함께 따라해 볼까요?

"하나님은 돈으로 어려운 이웃을 돕고 / 하나님의 영광을 위해 사용하길 원하세요."

♡♡도 원하는 장난감을 시리즈로 다 갖고 싶지요?

엄마, 아빠도 원하는 물건을 최신 모델로 다 갖고 싶어요.

하지만 그렇게 하지 않는 이유가 뭔지 아나요?

하나님은 자기 자신만을 위해서 돈을 쓰는 걸 좋아하지 않으시기 때문이에요.

성경은 사유재산을 인정해요.

일해서 번 돈은 죄가 아니에요.

하지만 하나님은 그렇게 번 돈을 자신의 유익만을 위해서 사용하지 말아야 한다고 말씀하세요.

하나님은 우리의 부를 가지고 어려운 이웃을 돕고 복음을 위해 사용하길 원하세요.

하나님의 영광을 위해 사용하길 원하세요.

하나님 나라는 아주 작은 헌신에 의해서 이루어져요.

다시 한 번 따라해 볼까요?

"하나님은 돈으로 어려운 이웃을 돕고 / 하나님의 영광을 위해 사용하길 원하세요."

소요리문답

74문: 제8계명이 명하는 것은 무엇입니까?

　답: 제8계명이 명하는 것은 자기 자신이나 다른 사람의 부와 재산을 합법하게 얻고 증진시키라는 것입니다.

마침기도

♡♡와 우리 가족에게 주신 소유의 얼마를 어려운 이웃을 위해 사용하게 해주세요. 어려운 이웃을 돌보게 해주시고, 섬김의 기쁨을 누리게 해주세요.

chapter 75

성경적이지 않은 직업이 있나요?

◡ **마음열기** ♡♡는 어떤 사람들을 도와주고 싶은가요? 왜 그런가요?

◡ **기도** ♡♡는 하고 싶은 일들이 아주 많아요. 이루고 싶은 꿈도 많아요. 하나님께서 주신 꿈을 꾸고, 하나님과 함께 그 꿈을 펼쳐 나가도록 인도해 주세요.

◡ **찬송** 찬송가 382장

◡ **말씀** 연락을 좋아하는 자는 가난하게 되고 술과 기름을 좋아하는 자는 부하게 되지 못하느니라 잠 21:17

'보이스 피싱'이라는 말을 들어 봤나요?
전화를 통해 개인정보를 알아낸 뒤 돈을 빼앗는 사기범죄를 말하는 거예요.
정당한 방법으로 일하기는 싫고 큰돈을 쉽게 벌고 싶을 때,
사람들은 '사기'라는 죄를 지어요.

'보이싱 피싱'에서도 볼 수 있듯이
사람들은 최대한 적게 일하고 많은 돈을 벌고 싶어 해요.
그럴 수만 있다면 정직하지 않아도 된다고 생각해요.

하지만 성경은 이 모든 것을 '도둑질'로 여기고 금지하고 있어요.
게으르게 살면서 성실하게 사는 사람들을 속이는 것은 '도둑질'이에요.

함께 따라해 볼까요?

"나만을 위해 / 다른 사람에게 피해를 주는 것도 / 도둑질이에요."

갯벌 체험을 할 때,
누군가 힘들게 모아 놓은 조개를 발견하고 손쉽게 가져간다면 어떨까요?
그것 역시 도둑질이에요.
놀이동산에 가서 인기 있는 놀이기구를 탈 때,
줄 서 있는 사람들을 무시하고 새치기를 한다면 어떨까요?
그것 역시 기다리는 사람들의 시간을 훔치는 도둑질이에요.

하나님은 우리가 땀 흘리는 기쁨을 통하여
몸도 마음도 건강하게 자라길 원하세요.
'도둑질하지 말라'는 제8계명은 우리를 위해 주신 축복이에요.

다시 한 번 따라해 볼까요?

"나만을 위해 / 다른 사람에게 피해를 주는 것도 / 도둑질이에요."

소요리문답

75문: 제8계명이 금하는 것은 무엇입니까?
　답: 제8계명이 금하는 것은 자기 자신이나 이웃의 부와 재산에 부당하게 손해를
　　　끼치거나 손해 끼칠 만한 일을 하는 것입니다.

마침기도

제 안에도 '도둑놈 심보'가 있었음을 고백해요. 회개해요. 용서해 주세요. 앞
으로 정직하게 일하고 땀 흘리는 기쁨을 누리게 해주세요. 기쁨으로 섬기는
은혜를 허락해 주세요.

chapter 76

제9계명은
무엇인가요?

- **마음열기** 넌센스 퀴즈: 성경에서 딸을 가장 많이 낳은 사람은 누구일까요? (답: 막달라 마리아)

- **기도** 함께 모여 찬양하고 기도할 가족을 주셔서 감사해요. 오늘도 우리에게 말씀하여 주세요. "아멘"으로 응답할게요.

- **찬송** 찬송가 384장

- **말씀** 네 이웃에 대하여 거짓증거 하지 말지니라 출 20:16

♡♡는 '양치기 소년' 이야기를 알고 있나요?
양을 치던 소년이 심심해서 거짓말로 "늑대가 나타났다"를 외쳐요.
마을 사람들은 그 소리를 듣고 도와주려고 달려가요.
하지만 소년이 거짓말을 했다는 것을 알고는 화를 내며 돌아가지요.
이런 거짓말을 여러 번 반복했던 소년은 그 후 진짜 늑대가 나타났을 때
누구의 도움도 받지 못하고 늑대에게 잡아먹혀요.
거짓말하면 안 된다는 교훈을 담고 있는 유명한 이솝우화예요.

하나님은 우리에게 "거짓증거 하지 말라"고 하세요. 왜일까요?
하나님은 '말씀'으로 온 세상을 만드셨어요. 또한 우리에게 '말씀'하세요.
그러한 말을 양치기 소년처럼 사용한다면 어떻게 될까요?
아무도 믿지 않을 거예요.
우리는 하나님 닮은 형상이에요.
하나님처럼 말하는 데 있어서 신중하고 진실해야 해요.

함께 따라해 볼까요?

"제9계명은 / '네 이웃에 대하여 거짓증거 하지 말라' / 는 거예요."

하나님은 말씀하시는 하나님이세요.
말씀하신 내용은 반드시 지키시지요.
반대로, 사단은 거짓말하는 자예요.
거짓말로 사람을 유혹하고 나쁜 길로 빠뜨리지요.

없는 것을 있다고 말하고 거짓말을 하고 속이면 세상은 어떻게 될까요?
사람에게 받은 상처로 인해 관계가 끊기게 될 거예요.
하나님이 주신 입술로 한 말을 지키고 감사의 말을 한다면 어떻게 될까요?
신뢰가 생겨나고 서로 모이기를 기뻐하며 하나님께 영광을 돌리게 될 거예요.

다시 한 번 따라해 볼까요?

"제9계명은 / '네 이웃에 대하여 거짓증거 하지 말라' / 는 거예요."

소요리문답

76문: 제9계명이 무엇입니까?
　답: 제9계명은 "네 이웃에 대하여 거짓증거 하지 말지니라." 하신 것입니다.

마침기도

우리에게 진리를 말씀해 주시고, 그 말씀대로 신실하게 행하심을 감사드려요. ♡♡와 우리 가족도 말에 있어서 진실하도록 도와주시고, 언제나 정직한 마음을 허락하셔서 진실한 하나님의 백성이 될 수 있게 도와주세요.

chapter 77

정직한 말이
왜 중요한가요?

◡ **마음열기** 요즘 ♡♡가 가장 좋아하는 물건이 있다면 무엇인가요? 그 이유는 뭔가요?

◡ **기도** 우리 몸 가운데 입이 얼마나 중요한지 알게 해주셔서 감사해요. 더욱 조심하
며 하나님의 영광을 드러내는 데 사용할 수 있도록 인도해 주세요.

◡ **찬송** 찬송가 390장

◡ **말씀** 진실한 증인은 사람의 생명을 구원하여도 거짓말을 뱉는 사람은 속이느니
라 잠 14:25

♡♡는 "발 없는 말이 천 리 간다"는 속담을 알고 있나요?
발이 없는 말은 우리가 입으로 하는 말을 뜻해요.
말에는 발이 없지만 천 리나 간다는 거예요.
천 리가 서울에서 부산까지의 거리 정도 되니까
서울에서 한 말을 부산에서도 듣게 된다는 뜻이지요.

복음은 '기쁜 소식'이에요.
2,000년 전, 비행기로도 11시간이나 걸리는 이스라엘의 기쁜 소식이
지금 ♡♡와 우리 가족에게까지 들려온 거예요.
예수님의 제자들은 이 '기쁜 소식'을 온 세상에 다니며 죽을 때까지 전했어요.
이것은 정말 성령님의 놀라운 역사예요.

함께 따라해 볼까요?

"제9계명은 / 특별히 증언할 때 진실을 말하여 / 억울한 일 당한 자를 / 도우라는 말이에요."

재판장에 억울한 사람이 죄인으로 잡혀 왔어요.
아무도 그 사람을 도울 사람이 없어요.
그런데 그 사람이 잘못하지 않았다는 사실을 본 유일한 목격자에 나라면,
용감하게 재판장에 나가서 바른 증언을 해야 해요.
거짓으로 증언하거나 회피한다면 한 사람의 인생을 망치게 되는 거예요.
바른 증언은 한 사람의 인생을 살리는 거예요.

제자들이 했던 참된 증언은 '기쁜 소식'을 전하는 거였어요.
죽을 수밖에 없는 사람을 구원으로 인도하는 거였어요.
우리의 참된 증언은 가뭄에 내리는 비처럼 갈증을 해결하는 시원함이에요.
거짓이 없는 말은 사람을 살려요.

다시 한 번 따라해 볼까요?

"제9계명은 / 특별히 증언할 때 진실을 말하여 / 억울한 일 당한 자를 / 도우라는 말이에요."

소요리문답

77문: 제9계명이 명하는 것은 무엇입니까?
　답: 제9계명이 명하는 것은 사람 사이의 진실함과 자기 자신과 이웃의 명예를 유지하고 증진시키라는 것이고, 특별히 증언할 때에 그리하라는 것입니다.

마침기도

♡♡와 우리 가족도 예수님의 제자들처럼 '기쁜 소식'을 알리는 참된 증인이 되고 싶어요. 용기를 허락해 주세요. 어떤 일을 하든지 정직한 마음으로 거짓 없이 하게 해주세요.

chapter 78

제9계명이 금하는 것은 무엇인가요?

ᵕ **마음열기** 오늘 하루 감사한 일을 3가지씩 이야기해 보아요.

ᵕ **기도** 참된 말을 할 때는 용기도 조금 필요한 것 같아요. 우리 가족이 함께 모여 예배드릴 때 용기를 부어 주세요.

ᵕ **찬송** 찬송가 405장

ᵕ **말씀** 그 혀로 참소치 아니하고 그 벗에게 행악치 아니하며 그 이웃을 훼방치 아니하며 시 15:3

♡♡는 컴퓨터를 잘 하나요?
컴퓨터와 인터넷이 발달하면서 사람들 간에 대화하는 방법도 다양해졌어요.
집배원 아저씨가 전해 주는 편지뿐만 아니라
컴퓨터로 주고받는 이메일도 있고요.
핸드폰 문자메시지나 카카오톡도 있어요.

좀 더 편리하게 의사소통을 할 수 있는 만큼
말을 조심하지 않으면 오해를 사는 일이 쉽게 생겨요.
얼굴을 보지 않는다고 함부로 말하는 경우도 생겨났어요.

함께 따라해 볼까요?

"제9계명이 금지하는 것은 / 말로 누군가의 마음과 몸에 / 상처를 주는 것이에요."

♡♡는 "왕따", "따돌림" 같은 말을 아나요?
누군가를 말과 행동으로 따돌리며 상처를 주는 것을 말해요.

편하게 자주 사용하는 카카오톡, 문자메시지, 이메일은
은연중에 이런 상처들을 만들어 내기 쉬워요.
그럴 때는 정말 용기 있게 위로의 말을 해야 해요.

♡♡는 "가짜뉴스"라는 말을 들어 봤나요?
사실 확인도 안 하고 거짓된 정보를 토대로 만든 뉴스를 말해요.
이런 가짜뉴스는 한 사람의 명예를 완전히 떨어뜨려요.
나중에 사실이 밝혀져도 이미 퍼진 가짜뉴스는 다시 주워 담기 어려워요.

제9계명은 이러한 것들에 대해서 말하고 있어요.
거짓으로 다른 사람을 욕하거나 따돌리지 말라고요.
거짓으로 한 사람의 명예를 떨어뜨리지 말라고요.

다시 한 번 따라해 볼까요?

"제9계명이 금지하는 것은 / 말로 누군가의 마음과 몸에 / 상처를 주는 것이에요."

소요리문답

78문: 제9계명이 금하는 것은 무엇입니까?
  답: 제9계명이 금하는 것은 무엇이든지 진실함을 손상하는 것과 자기 자신과 이웃의 명예를 훼손하는 것입니다.

마침기도

♡♡와 우리 가족이 카카오톡이나 문자메시지를 사용할 때 격려하는 말을 많이 쓰게 해주세요. ♡♡와 우리 가족이 가짜뉴스를 분별하여 바른 소식을 전하도록 인도해 주세요.

chapter 79

제10계명은
무엇인가요?

ᗐ **마음열기** '대~한민국! 짝짝~짝짝짝!' 박수 놀이를 다 같이 해보아요.

ᗐ **기도** 주님을 기쁘게 해드리는 우리 가족이 되고 싶어요. 몸과 마음이 예수님 닮아
가도록 인도해 주세요.

ᗐ **찬송** 찬송가 93장

ᗐ **말씀** 네 이웃의 집을 탐내지 말지니라 네 이웃의 아내나 그의 남종이나 그의 여종
이나 그의 소나 그의 나귀나 무릇 네 이웃의 소유를 탐내지 말지니라 출 20:17

♡♡는 맛있는 음식을 보면 어떤 마음이 드나요?
아~~ 먹고 싶다는 생각이 들지요.
♡♡는 재미있는 놀이동산을 보면 어떤 마음이 드나요?
아~~ 가고 싶다는 생각이 들지요.
♡♡는 새로 나온 장난감을 보면 어떤 마음이 드나요?
아~~ 갖고 싶다는 생각이 들지요.

불교는 갖고 싶다는 이러한 생각조차 고통이라고 말해요.
그래서 금욕과 무소유를 중요하게 여겨 결혼도 하지 않고 산속에서만 살지요.
그러나 하나님은 믿는 사람들의 욕구 자체를 죄로 여기지 않으세요.
결혼도 허락하시고 소유도 허락하셨지요.

함께 따라해 볼까요?

"제10계명은 / 다른 사람의 소유를 / 탐내지 말라는 거예요."

제10계명은 사람의 마음을 들여다보는 계명이에요.
사람의 마음은 겉으로 봐서는 알 수 없어요.
차림새만 보면 왕자님, 공주님 같지만,
마음속은 욕심쟁이, 거짓말쟁이일 수 있어요.

성경은 다른 사람의 소유를 탐내는 마음을 죄라고 말씀하고 있어요.
왜냐하면 탐심의 대상을 우상의 자리에 올려놓기 때문이에요.
탐심은 우리 삶을 감사하지 못하고 원망하게 만들어요.
탐심은 모든 것이 하나님의 것이라는 사실을 인정하지 않아요.
우리는 탐심을 회개하고 하나님의 주권을 인정해야 해요.

다시 한 번 따라해 볼까요?

"제10계명은 / 다른 사람의 소유를 / 탐내지 말라는 거예요."

소요리문답

79문: 제10계명이 무엇입니까?

답: 제10계명은 "네 이웃의 집을 탐내지 말지니라. 네 이웃의 아내나 그의 남종이
나 그의 여종이나 그의 소나 그의 나귀나 무릇 네 이웃의 소유를 탐내지 말지
니라." 하신 것입니다.

마침기도

하나님, ♡♡와 우리 가족에게 주신 모든 것에 감사드려요. 다른 사람의 것
을 욕심내는 마음이 있다면 용서해 주세요. ♡♡와 우리 가족에게 주님이 주
신 것에 자족하는 마음을 주세요.

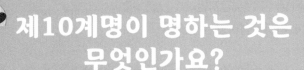

chapter 80

제10계명이 명하는 것은 무엇인가요?

- **마음열기** 넌센스 퀴즈: 세계 최초의 동물원은 무엇일까요? (답: 노아의 방주)

- **기도** 너무너무 가지고 싶은 것이 있어요. 그래서 자꾸 그 생각만 나요. 이것도 탐심인가요? 알려 주세요.

- **찬송** 찬송가 410장

- **말씀** 내가 궁핍하므로 말하는 것이 아니라 어떠한 형편에든지 내가 자족하기를 배웠노니 빌 4:11

♡♡가 갖고 있는 것들에는 뭐가 있나요?
장난감, 옷, 신발, 책, 과자...
아주 많이 있지요? 이 모든 것을 누가 주셨나요?
때론 엄마, 아빠를 통해서, 때론 할머니, 할아버지를 통해서,
때론 친척, 친구들을 통해서, 때론 용돈을 모아 사는 것을 통해서
하나님이 주셨어요.

하나님은 우리에게 필요한 모든 것을 주셨어요.
앞으로도 우리에게 필요한 모든 것을 공급해 주실 거예요.
하나님이 주신 모든 것에 감사하고 만족하는 마음이 자족하는 마음이에요.

함께 따라해 볼까요?

"제10계명이 명하는 것은 / 하나님이 주신 모든 것에 / 감사하고 만족하는 거예요."

하나님이 주신 모든 것에 감사하지 못하고

부족하다고 느끼며 계속해서 갈망하는 것이 탐심이에요.

성경은 탐심을 우상숭배라고 말씀하셨어요.
하나님보다 더 사랑하는 마음이 바로 우상이에요.
사람이 자기 자신을 하나님의 자리에 놓고
자신을 위해 재물을 쌓고 더 쌓으려는 것이 탐심이에요.

내게 있는 모든 것을 하나님께서 주셨기 때문에 감사해야 해요.
감사한 재물은 나만을 위해서 쓰는 것이 아니라
어려운 이웃을 위해서 사용해야 해요.
우리에게 주신 재능, 물질, 시간은 나눔을 통해 더 풍성하게 쓰라고 주셨어요.

다시 한 번 따라해 볼까요?

"제10계명이 명하는 것은 / 하나님이 주신 모든 것에 / 감사하고 만족하는 거예요."

소요리문답

80문: 제10계명이 명하는 것은 무엇입니까?

답: 제10계명이 명하는 것은 자기 자신의 처지에 온전히 만족하며, 우리 이웃과
그의 모든 소유에 대하여 정당하고 잘되기 바라는 심정을 가지라는 것입니다.

마침기도

♡♡와 우리 가족에게 자족하는 마음을 허락해 주세요. 감사하며 우리에게
주신 재능, 물질, 시간을 나누는 은혜를 허락해 주세요. 나눔을 통해 더 풍성
하게 누리는 은혜를 허락해 주세요.

chapter 81

제10계명이 금하는 것은
무엇인가요?

- **마음열기** 포스트잇에 '시기, 미움, 질투' 등을 쓴 후 종이를 구겨요. 바구니에 '불'이라고 써 붙이고 그 안에 종이를 던져 넣는 활동을 해요.

- **기도** 말을 하지 않아도 내 마음 안에 여러 가지 생각과 마음이 있어요. 그런 것들도 다 보고 계신 하나님, 평안으로 인도하여 주세요.

- **찬송** 찬송가 411장

- **말씀** 시기와 다툼이 있는 곳에는 요란과 모든 악한 일이 있음이니라 약 3:16

♡♡는 불쌍한 사람을 보면 어떤 마음이 드나요?
도와주고 싶은 마음이 들어서 엄마, 아빠에게 도와주길 요청한 적도 있지요?
♡♡는 화나 나면 어떻게 하나요?
울기도 하고 소리를 지를 때도 있지요?
이처럼 우리 마음은 행동으로 나타나요.

선한 마음은 선한 행동으로 이어져요.
악한 마음도 악한 행동으로 이어져요.
마음이 말과 행동의 시작점이에요.
그래서 성경은 다른 것보다 마음을 지키라고 말씀하고 있어요.

함께 따라해 볼까요?

"제10계명이 금하는 것은 / 자신에 대해 불만족하고 / 이웃에 대해 시기하는 마음이에요."

다른 사람에게 시기, 분노, 미움 등의 마음을 품고 있으면서 행동으로는 아닌 척해도 하나님은 그 마음을 다 알고 계세요.
그래서 마음 지키는 것이 가장 힘든 일이지요.

하나님은 우리에게 예수님을 보내 주셨어요.
예수님의 십자가를 보면서 우리 마음의 죄성도 보여 주셨어요.
그리고 예수님의 십자가를 의지해서 회개할 수 있는 은혜를 주셨어요.
우리 모두에게는 예수님이 필요해요.

다시 한 번 따라해 볼까요?

"제10계명이 금하는 것은 / 자신에 대해 불만족하고 / 이웃에 대해 시기하는 마음이에요."

소요리문답

81문: 제10계명이 금하는 것은 무엇입니까?
  답: 제10계명이 금하는 것은 자기 자신의 처지를 조금이라도 불만스러워하고 이
     웃의 잘됨을 시기하고 원통하게 여기고, 이웃의 것에 대하여 조금이라도 부당
     한 마음과 욕심을 품는 것입니다.

마침기도

♡♡와 우리 가족의 마음속까지 훤히 들여다봐 주셔서 감사해요. 우리조차
도 알지 못하는 마음의 중심을 읽어 주셔서 감사해요. ♡♡와 우리 가족의
까만 마음을 회개해요. 예수님 안에서 하얀 마음, 순결한 마음을 갖도록 허
락해 주세요.

chapter 82

십계명을
모두 지킬 수 있나요?

- 마음열기   ♡♡의 눈을 가리고 박수 소리로 엄마를 찾는 활동을 해요.

- 기도   십계명을 가르쳐 주셔서 감사해요. 하나님이 어떤 마음으로 십계명을 우리에게 주셨는지 알게 해주셔서 감사드려요. 주님의 은혜로 깨달음을 잘 지키도록 도와주세요.

- 찬송   찬송가 412장

- 말씀   선을 행하고 죄를 범치 아니하는 의인은 세상에 아주 없느니라 전 7:20

♡♡는 달리기를 좋아하나요?
학교에서 달리기 선수가 되어 본 적이 있나요?
세계에서 달리기를 가장 잘하는 사람들이 모여서 달리기 대회를 해요.
이 경기에 나가려면 달리기를 보통 잘하는 게 아니라 아주 많이 잘해야 해요.
아주 높은 수준의 훈련을 받아야 하지요.

하나님도 수준이 아주 높으세요. 보통 수준이 아니에요.
왜냐하면 하나님은 완전하신 분이시기 때문이에요.
하지만 우리는 원죄와 자범죄를 짓는 죄인이에요.
십계명은 하나님 수준처럼 높지만, 우리는 죄인이라 다 지킬 수 없어요.

함께 따라해 볼까요?

"사람은 죄인이라 불완전하여 / 완전한 십계명을 모두 지킬 수 없어요."

그럼, 십계명을 왜 주셨을까요?

하나, 우리의 힘과 노력으로는 결코 거룩해질 수 없음을 알려 주시기 위해서 주셨어요.
둘, 우리 힘으로 할 수 없기에 반드시 예수님을 바라보아야 한다는 것을 깨닫게 해주시기 위해서 주셨어요.
셋, 예수님을 통해 우리가 어떤 상태로 변화되어야 하는지 그 거룩함의 기준으로 제시하기 위해서 주셨어요.

십계명을 우리 힘으로 지키려고 할수록
우리는 우리가 큰 죄인이라는 사실을 알게 되어요.
우리는 예수님을 의지할 수밖에 없음을 깨달아요.
우리는 예수님 안에서만 십계명이 요구하는 수준까지 거룩해질 수 있어요.
예수님의 도우심으로 우리는 날마다 조금씩 거룩해질 수 있어요.

다시 한 번 따라해 볼까요?

"사람은 죄인이라 불완전하여 / 완전한 십계명을 모두 지킬 수 없어요."

소요리문답

82문: 하나님의 계명을 완전히 지킬 수 있는 사람이 있습니까?

답: 타락한 이후 한낱 사람으로서는 이 세상에 살 동안에 하나님의 계명들을 완전히 지킬 수 없고, 오히려 생각과 말과 행위로 날마다 범합니다.

마침기도

우리 힘으로 거룩해질 수 없다는 사실이 은혜인 것 같아요. 예수님 안에서 예수님의 은혜의 힘으로 주님께 더 가까이 나아가는 ♡♡와 우리 가족 되게 해주세요.

chapter 83

죄에도
종류가 있나요?

- **마음열기** 10개의 탑 쌓기를 하면서 십계명에 대해서 다시 한 번 기억해 보아요.

- **기도** 오늘도 ♡♡와 우리 가족 안에 죄 된 마음이 있는 것을 보았어요. 용서해 주세요. 예수님의 보혈로 깨끗하게 해주세요. 예수님을 통하여 온전해지는 기쁨을 허락해 주세요.

- **찬송** 찬송가 419장

- **말씀** 예수께서 대답하시되 위에서 주지 아니하셨더면 나를 해할 권세가 없었으리니 그러므로 나를 네게 넘겨준 자의 죄는 더 크니라 하시니 요 19:11

♡♡는 기억하나요?
십계명의 핵심 내용이 하나님을 사랑하고 이웃을 사랑하는 거라는 것을요.
1-4계명은 하나님 사랑에 대한 계명이고
5-10계명은 이웃 사랑에 대한 계명이에요.
1-4계명은 하나님께 드리는 바른 예배에 대한 계명이고
5-10계명은 이웃을 어떻게 사랑해야 하는지에 대한 계명이에요.

죄에도 종류가 있어요.
하나님에게 짓는 더 무거운 죄가 있고요.
이웃에게 짓는 무거운 죄가 있어요.
하나님과 예수님의 이름을 모욕, 비난하거나, 예배와 관련된 죄는 더 무거운 죄예요.
이웃을 사랑하지 않고 이기심으로 마음대로 짓는 죄는 무거운 죄예요.

함께 따라해 볼까요?

"1-4계명에 해당하는 / 하나님에 대해 짓는 죄는 / 더 무거운 죄예요."

하나님에 대해 짓는 죄는
나를 하나님의 자리에 앉혀 놓는 죄이기 때문에 더 무거운 죄예요.
죄를 짓기로 작정하는 죄예요.
죄의 영향력이 더 크게 나타나는 죄예요.
그래서 더 심각하고 철저하게 회개해야 해요.

♡♡와 우리 가족은 무겁고 더 무거운 죄를 통해서
우리가 착한 일을 하기에 얼마나 큰 죄인인지를 깨닫게 되어요.
죄의 깊이가 얼마나 깊은지를 알게 되어요.
하지만, 더불어 예수님의 은혜가 얼마나 크고 놀라운지도 알게 되어요.
온전히 회개하며 나아가는 ♡♡와 우리 가족이 되어요.

다시 한 번 따라해 볼까요?

"1-4계명에 해당하는 / 하나님에 대해 짓는 죄는 / 더 무거운 죄예요."

소요리문답

83문: 법을 어기는 죄가 모두 똑같이 악합니까?

답: 어떤 죄는 그 자체로서 그리고 거기서 파생된 해악으로 말미암아 하나님 앞에서 다른 죄보다 더 악합니다.

마침기도

♡♡와 우리 가족에게 더 무거운 죄가 있다는 사실을 알려 주셔서 감사해요. 심각하게 받아들이고 철저히 회개하게 해주세요. 예수님을 의지할 수 있는 은혜를 주셔서 너무 감사드려요.

chapter 84

십계명을 지키지 못하는 죄는 어떤 결과를 낳나요?

- **마음열기** 우리 집에 있는 빨간색 물건을 찾아보아요.

- **기도** 하나님께 예배드릴 때 정성을 다해 예배드리길 원해요. 죄 된 마음을 예수님의 보혈로 깨끗이 씻어 주세요.

- **찬송** 찬송가 428장

- **말씀** 또 왼편에 있는 자들에게 이르시되 저주를 받은 자들아 나를 떠나 마귀와 그 사자들을 위하여 예비된 영영한 불에 들어가라 마 25:41

♡♡는 수영하는 것을 좋아하지요?
바닷가나 수영장에 가면 자유롭고 재미있게 놀 수 있어요.
그런데 간혹 깊은 곳에서 허우적거리는 사람들이 있어요.
수영을 못하면 아무리 팔을 움직여도 깊은 물속에서 빠져나올 수 없어요.
누군가 구명튜브를 던져 주어야 해요.
그 구명튜브를 잡고 나와야만 빠져나올 수 있어요.

죄에 빠져 있는 사람도 비슷해요.
사람들은 죄라는 깊은 웅덩이에 빠져 있어요.
아무도 그 웅덩이에서 빠져나올 방법을 알지 못해요.
예수님의 구명튜브만이 유일하게 우리를 구해 줄 수 있어요.

함께 따라해 볼까요?

"죄의 결과는 / 하나님의 진노와 저주를 받는 거예요."

십계명을 지키려고 하면 할수록
죄인인 우리는 그것을 지킬 수 없다는 것을 깨달을 뿐이에요.
구원받은 ♡♡와 우리 가족도 남아 있는 죄의 성향 때문에 죄 된 모습을 발견해요.
하나님은 거룩하신 분이시기에 죄와 함께하실 수 없어요.
하나님은 공의로우신 분이시기에 죄를 보고 참으실 수 없어요.

아홉 가지 계명을 다 지켜도 하나를 어기면 죄를 짓는 거예요.
이런 죄의 깊은 웅덩이에서 누가 구해 줄 수 있을까요?
바로 모든 십계명을 완성하신 예수님이에요.
예수님은 예수님을 믿는 사람에게 예수님의 의로 옷 입혀 주세요.
예수님 안에서 우리는 진노와 저주를 면할 수 있어요.

다시 한 번 따라해 볼까요?

"죄의 결과는 / 하나님의 진노와 저주를 받는 거예요."

소요리문답

84문: 모든 죄마다 마땅히 받아야 할 보응이 무엇입니까?

답: 모든 죄마다 마땅히 받아야 할 보응은 이 세상과 오는 세상에서 하나님의 진노와 저주를 받는 것입니다.

마침기도

♡♡와 우리 가족이 아무리 착한 일을 많이 해도 하나님의 의에는 이를 수 없음을 깨닫게 해주셔서 감사해요. 오직 예수님만 믿음으로 죄의 진노와 저주를 피할 수 있게 해주셔서 감사해요.

chapter 85

하나님의 진노를 피하려면
무엇을 해야 하나요?

⌣ **마음열기** ♡♡가 가족에게 주고 싶은 선물은 무엇인가요? 왜 그것을 택했나요?

⌣ **기도** 거룩하신 공의의 하나님이 예수님 안에서 ♡♡와 우리 가족의 좋으신 아버지
가 되어 주신 것에 진심으로 감사드려요. 예수님, 사랑해요.

⌣ **찬송** 찬송가 429장

⌣ **말씀** 너희는 귀를 기울이고 내게 나아와 들으라 그리하면 너희 영혼이 살리라 내
가 너희에게 영원한 언약을 세우리니 곧 다윗에게 허락한 확실한 은혜니라
사 55:3

♡♡는 비가 오는 날을 좋아하나요?
비옷을 입고, 장화를 신고, 우산을 쓰고 밖에 나갈 수 있어서 좋아요.
우산만 쓰면 다리에 비바람이 들어와요.
비옷도 입고, 장화도 신으면 비를 피하면서 놀 수 있어요.

하나님의 진노의 비를 피하는 방법도 여러 가지예요.
하나, 믿음과 회개예요.
둘, 말씀과 기도예요.

함께 따라해 볼까요?

"하나님의 진노를 피하기 위해서는 / 말씀과 기도 생활 가운데 / 날마다 회개하며 믿음 안
에 있어야 해요."

믿음과 회개, 말씀과 기도는 분리되지 않아요.
회개와 믿음은 말씀을 듣는 가운데 일어나요.

말씀을 듣고 깨달은 바를 기도하지요.
기도하는 가운데 회개할 것들이 생각나기도 하지요.

우리의 구원은 예수님을 믿는 믿음 안에서 시작되어요.
그리고 그 믿음 안에서 말씀과 기도를 통해
날마다 하나님 앞으로 더 가까이 나아갈 수 있게 되어요.
이런 은혜를 ♡♡와 우리 가족에게 주셔서 감사해요.

다시 한 번 따라해 볼까요?

"하나님의 진노를 피하기 위해서는 / 말씀과 기도 생활 가운데 / 날마다 회개하며 믿음 안에 있어야 해요."

소요리문답

85문: 우리의 죄로 말미암아 마땅히 받아야 할 하나님의 진노와 저주를 피하게 하시려고 하나님께서 우리에게 요구하시는 것은 무엇입니까?

답: 우리의 죄로 말미암아 마땅히 받아야 할 하나님의 진노와 저주를 피하게 하시려고 하나님께서 우리에게 요구하시는 것은 예수 그리스도를 믿고, 생명에 이르는 회개를 하며, 우리에게 구속의 은덕(恩德)을 끼쳐 주시려고 그리스도께서 쓰시는 모든 방도(方途)를 부지런히 사용하는 것입니다.

마침기도

♡♡와 우리 가족이 말씀과 기도의 생활을 잘 할 수 있길 원해요. 믿음 안에서 날마다 하나님의 진노를 피하고 은혜 안에 거하길 기도드려요.

chapter 86

예수 그리스도를 믿는 믿음은 무엇인가요?

ↄ **마음열기** '머리 어깨 무릎 발' 노래를 부르며 율동을 해보아요.

ↄ **기도** 하나님, 예배 중에 말씀해 주세요. ♡♡와 우리 가족이 그 말씀 붙들고 회개하며 기도할게요.

ↄ **찬송** 찬송가 430장

ↄ **말씀** 영접하는 자 곧 그 이름을 믿는 자들에게는 하나님의 자녀가 되는 권세를 주셨으니 요 1:12

♡♡는 포도를 좋아하나요?

포도는 달콤새콤하니 몸에도 좋고 맛도 좋아요.

예수님은 말씀하셨어요.

예수님은 포도나무고, 우리는 가지라고요.

가지는 포도나무에 꼭 붙어 있어야만 열매를 많이 맺을 수 있어요.

예수님은 유일한 하나님의 아들이세요.

이 예수님이 ♡♡와 우리 가족을 구원하시기 위해 이 땅에 아기로 오셨어요.

그리고 우리의 모든 죄를 지시고, 죄 없으신 분으로 십자가에 돌아가셨어요.

예수님은 유일한 죄 없는 사람으로 우리들의 대속자가 되셨어요.

우리는 이 예수님께 믿음으로 꼭 붙어 있어야 해요.

함께 따라해 볼까요?

"예수님을 믿는 믿음은 / 예수님을 영접하고 / 예수님만 의지하는 거예요."

예수님은 율법을 완성하셨어요.
예수님은 십계명의 요구를 다 이루셨어요.
이런 예수님이 ♡♡와 우리 가족을 위해 죽으시고 부활하셨어요.
예수님은 자신의 의로우심으로 ♡♡와 우리 가족에게 옷 입혀 주셨어요.

♡♡와 우리 가족에게 주신 믿음은 하나님의 선물이에요.
살아 계신 예수님을 보아도 믿지 못하는 사람들이 있었어요.
예수님을 믿는 믿음을 성령 안에서 우리에게 주신 분은
좋으신 우리 아버지 하나님이세요.
우리는 그 선물을 소중하게 여기며 끝까지 간직해야 해요.

다시 한 번 따라해 볼까요?

"예수님을 믿는 믿음은 / 예수님을 영접하고 / 예수님만 의지하는 거예요."

소요리문답

86문: 예수 그리스도를 믿는 믿음이 무엇입니까?
　답: 예수 그리스도를 믿는 믿음은 구원의 은혜이고, 이로써 우리는 구원을 얻으려
　　고 복음이 전하는 예수 그리스도를 영접하고 그분만을 의지합니다.

마침기도

좋으신 아버지 하나님, ♡♡와 우리 가족에게 믿음의 선물을 주셔서 너무 감
사해요. 평생 예수님께 꼭 붙어 있으며 많은 열매를 맺게 해주세요.

chapter 87

회개란
무엇인가요?

- **마음열기** '꽃 이름'으로 빙고 게임을 해보아요.

- **기도** 푸른 하늘을 바라보며 하나님을 생각해요. 하늘보다 더 넓으신 사랑으로 우리에게 다가와 주셔서 감사드려요.

- **찬송** 찬송가 435장

- **말씀** 거역하는 자를 온유함으로 징계할지니 혹 하나님이 저희에게 회개함을 주사 진리를 알게 하실까 하며 딤후 2:25

엄마에게 혼났을 때 기억나나요?
♡♡가 자신의 행동을 돌아보고 "잘못했어요. 용서해 주세요."라고 말하면
엄마는 ♡♡를 자랑스러워하며 용서해 주셨을 거예요.
잘못을 인정하고 바르게 자랄 것을 알기 때문이지요.

하나님도 사람들이 자신의 잘못을 입으로 고백하고
생각과 말과 행동에서 돌이키는 것을 기뻐하세요.
이것이 바로 회개예요.

함께 따라해 볼까요?

"회개는 죄인인 사람이 / 자신의 잘못을 깨닫고 / 생각과 말과 행동에서 / 돌이키는 것을 말해요."

예전에 잘못해서 혼났던 일은 다시 생각하기 싫지요?
죄도 마찬가지예요.

사람이 죄를 깨달으면, 죄가 싫어지고 멀리하고 싶어져요.
그래서 더욱 예수님의 의를 붙잡을 수밖에 없어요.

우리는 예수님을 알기 전에는 죄의 노예였어요.
예수님을 알고 난 후에는 선을 행할 수 있는 의지가 생겨났지요.
생각, 말, 행동에까지 이르는 참된 회개는 예수님 안에 거할 때만 가능해요.

♡♡가 죄를 보고 깨달을 때, 용기 내어 고백함으로 회개할 때,
놀라운 은혜가 기다리고 있는 것을 잊지 마세요.

다시 한 번 따라해 볼까요?

"회개는 죄인인 사람이 / 자신의 잘못을 깨닫고 / 생각과 말과 행동에서 / 돌이키는 것을 말해요."

소요리문답

87문: 생명에 이르는 회개가 무엇입니까?

답: 생명에 이르는 회개는 구원의 은혜이고, 이로써 죄인이 자기 죄를 바로 알고, 그리스도 안에 있는 하나님의 자비를 깨달아, 자기 죄를 슬퍼하고 미워하고, 그 죄에서 떠나 하나님께로 돌아가고 굳은 결심과 노력으로 새롭게 순종합니다.

마침기도

죄인 줄 알지 못했던 ♡♡와 우리 가족에게, 죄를 깨닫게 해주셔서 감사드려요. 매일매일 깨닫고 회개하고 예수님 안에서 선을 행하는 ♡♡와 우리 가족 되게 해주세요.

chapter 88

교회를 통해서 얻는
은혜의 수단은 무엇인가요?

- **마음열기** ♡♡가 올해 꼭 하고 싶은 일은 무엇인가요? 왜 그것을 하고 싶은가요?

- **기도** 좋으신 아버지, ♡♡와 우리 가족의 죄를 예수님 안에서 회개해요. 다 용서해 주시고 하나님께 더 가까이 나아가도록 인도해 주세요.

- **찬송** 찬송가 438장

- **말씀** 예수께서 나아와 일러 가라사대 하늘과 땅의 모든 권세를 내게 주셨으니 그러므로 너희는 가서 모든 족속으로 제자를 삼아 아버지와 아들과 성령의 이름으로 세례를 주고 내가 너희에게 분부한 모든 것을 가르쳐 지키게 하라 볼지어다 내가 세상 끝날까지 너희와 항상 함께 있으리라 하시니라 마 28:18-20

♡♡는 '교회'가 어떤 곳인지 아나요?
사람들이 모여 예배드리는 곳이라고요?
그것도 맞는 말인데요, 정확한 뜻은 예수님 믿는 사람들의 모임을 말해요.

하나님의 백성들은 왜 모였을까요?
바로 찬송과 말씀과 기도로 예배드리기 위해서이지요.
또한 세례와 성찬을 같이 함으로 예수님 안에서 한 몸임을 기억하기 위해서예요.

함께 따라해 볼까요?

"교회를 통해서 얻는 은혜의 수단은 / 말씀과 기도와 성례예요."

하나님은 '가족'을 우리에게 선물로 주셨어요.
'가족'과 더불어 '교회'도 선물로 주셨지요.

'가족'과 '교회'는 우리가 홀로 예수님을 믿는 것보다
훨씬 더 넓고 깊이 하나님을 알아가도록 도와주어요.

예수님은 교회의 머리고, 우리는 교회의 지체예요.
우리는 예수님 안에서 한 몸이에요.
교회는 하나님으로부터 은혜를 받는 것이 가장 중요해요.
함께 찬송하고 기도하고 말씀 듣고 성례를 누려요.

함께 모인다고 해서 꼭 같은 공간에 있는 것만 말하지는 않아요.
함께 온라인 예배로 모일 수도 있어요.
삶 속에서 예배를 잘 드리고 있는지 나눌 수도 있어요.
이런 공동체를 주신 하나님께 감사해요.

다시 한 번 따라해 볼까요?

"교회를 통해서 얻는 은혜의 수단은 / 말씀과 기도와 성례예요."

소요리문답

88문: 그리스도께서 우리에게 구속의 은덕을 끼치는 데 쓰시는 통상적인 방도는
　　　무엇입니까?

답: 그리스도께서 우리에게 구속의 은덕을 끼치는 데 쓰시는 통상적인 방도는 그
　　분이 정하신 것인데, 특히 말씀과 성례와 기도입니다. 이 모든 것이 택함 받은
　　사람들에게 구원을 위하여 효력 있게 됩니다.

마침기도

♡♡와 우리 가족에게도 믿음의 친구들, 교회를 허락해 주셔서 감사드려요.
함께 말씀과 기도와 성례 안에서 더욱 하나님의 은혜를 기억하게 해주세요.

chapter 89

말씀을 어떻게 읽고
들어야 할까요?

- **마음열기** ♡♡가 좋아하는 친구는 누구인가요? 그 친구의 장점은 무엇인가요?

- **기도** 세상에 있는 모든 사람이 예수님을 알았으면 좋겠어요. 함께 모여 예배할 수 있는 상황과 환경을 허락해 주세요.

- **찬송** 찬송가 442장

- **말씀** 여호와의 율법은 완전하여 영혼을 소성케 하고 여호와의 증거는 확실하여 우둔한 자로 지혜롭게 하며 시 19:7

아버지 하나님은 하나님의 자녀인 ♡♡에게 필요한 모든 것을 공급해 주셨어요.
구원을 위해 예수님도 보내 주셨고,
성령님을 보내 예수님을 믿고 회개할 수 있도록 이끌어 주셨지요.
그리고 무엇보다도 하나님의 은혜를 날마다 알 수 있는 선물을 주셨어요.
바로 말씀과 기도와 성례예요.

하나님은 사랑의 편지, 성경책을 ♡♡에게 남겨 주셨어요.
성경책을 통해서 하나님이 어떻게 하나님의 백성을 이끌어 오셨는지 알 수 있어요.
성경책을 읽는다고 아무나 은혜를 받는 건 아니에요.
하나님이 성령님을 보내 주신 사람만이 말씀을 깨닫고 은혜를 받아요.

함께 따라해 볼까요?

"하나님의 말씀을 / 읽고 들음을 통해서 은혜를 누려요."

하나님의 말씀은 설교를 통해서 더 정확하게 들을 수 있어요.

하나님의 말씀을 많이 연구하신 목사님께서
우리 시대에 맞게 말씀을 풀어서 선포해 주실 때
우리는 큰 은혜를 받고 회개하게 되어요.
하나님의 뜻을 알고 순종하게 되어요.

하나님의 말씀을 읽고 들을 수 있는 시간을 소중히 여겨요.
이렇게 함께 모여 말씀을 배울 수 있는 시간이 참으로 복되어요.
날마다 성경 말씀을 읽음으로
하나님과 동행하는 ♡♡와 우리 가족이 되어요.

다시 한 번 따라해 볼까요?

"하나님의 말씀을 / 읽고 들음을 통해서 은혜를 누려요."

소요리문답

89문: 말씀이 어떻게 구원을 위하여 효력 있게 됩니까?

답: 하나님의 성령께서 말씀의 낭독, 특별히 강설을 효력 있는 방도로 쓰셔서 죄인을 설복하고 회개시키며, 거룩함과 위로로 그들을 세워서 믿음으로 구원에 이르게 합니다.

마침기도

♡♡와 우리 가족에게 성경책을 볼 수 있게 해주셔서 감사해요. 하나님의 말씀을 듣고 읽을 때에 은혜를 베풀어 주세요.

chapter 90

말씀을 듣고
어떻게 해야 할까요?

ᵛ **마음열기** 고민이나 걱정거리가 있다면 함께 나누어 보아요.

ᵛ **기도** 마음의 고민들을 다 내려놓아요. 주님만 바라보는 이 시간 되게 인도해 주세요.

ᵛ **찬송** 찬송가 443장

ᵛ **말씀** 자유하게 하는 온전한 율법을 들여다보고 있는 자는 듣고 잊어버리는 자가 아니요 실행하는 자니 이 사람이 그 행하는 일에 복을 받으리라 약 1:25

♡♡도 엄마와 같이 요리를 해봤나요?
요리에는 비법이 존재해요.
간단한 샌드위치라도 더 맛있게 만드는 방법을 엄마는 알고 있어요.
식빵 양 옆에 소스를 바르면 재료에서 나오는 물기를 막아 주지요.

꿀송이처럼 달고 시원한 말씀을 들을 때도 마찬가지예요.
말씀을 듣고 은혜를 받기 위해서는 비법이 있어요.
기도로 준비하고, 믿음으로 듣고, 말씀대로 실천하는 거예요.

함께 따라해 볼까요?

"성경 말씀을 통해 은혜를 받기 위해서는 / 기도로 준비하고 / 믿음으로 듣고 / 말씀대로 실천해야 해요."

하나, 성경 말씀을 듣기 전에 기도로 준비해요.
그날의 기뻤던 마음, 슬펐던 마음, 미웠던 마음

다 올려드리고 회개함으로 하나님의 말씀을 들을 준비를 해요.

둘, 성경 말씀을 들을 때 믿음으로 들어요.
성경을 통해 하나님의 구원의 역사를 믿음으로 들어요.
지금 이 시간에도 ♡♡와 우리 가족에게 말씀하시고 계심을 믿음으로 들어요.

셋, 들은 대로 실천해요.
듣고 끝나면 아무런 유익이 없어요.
말씀대로 살아갈 때 성령님께서 함께하심을 알 수 있어요.
말씀이 살아 있음을 깨달을 수 있어요.

다시 한 번 따라해 볼까요?

"성경 말씀을 통해 은혜를 받기 위해서는 / 기도로 준비하고 / 믿음으로 듣고 / 말씀대로 실천해야 해요."

소요리문답

90문: 하나님의 말씀을 어떻게 읽고 들어야 그것이 구원을 위하여 효력 있게 됩니까?
　답: 하나님의 말씀이 구원을 위하여 효력 있게 되려면 우리는 부지런함과 준비와 기도로써 말씀에 집중하며, 그 말씀을 믿음과 사랑으로 받아들이고, 우리의 마음에 간직하고, 우리의 생활에서 실천해야 합니다.

마침기도

♡♡와 우리 가족 모두 기도로 준비하고, 믿음으로 듣고, 실천함으로 말씀의 큰 은혜를 누리길 원해요. 살아 있는 하나님의 말씀을 만나게 인도해 주세요.

chapter 91

세례와 성찬이 주는 은혜를 어떻게 받나요?

- ☞ **마음열기** 흰 종이 밑에 나뭇잎을 깔고 색연필로 줄기 모양의 탁본을 떠 보아요.

- ☞ **기도** 하나님, 우리는 친구와 가끔 다툴 때가 있어요. 잘못했어요. 하나님, 용서해 주세요. 친구에게 용서를 구할 용기도 주세요. 다시 사이좋은 친구가 될 수 있게 인도해 주세요.

- ☞ **찬송** 찬송가 445장

- ☞ **말씀** 나는 심었고 아볼로는 물을 주었으되 오직 하나님은 자라나게 하셨나니 그런즉 심는 이나 물 주는 이는 아무것도 아니로되 오직 자라나게 하시는 하나님뿐이니라 고전 3:6-7

하나님이 ♡♡에게 필요한 모든 것을 주셨다는 거 잊지 않았지요?
구원을 위해 예수님도 보내 주셨고,
성령님을 보내 주셔서 믿음도 주셨지요.
무엇보다 하나님의 은혜를 날마다 알 수 있는 선물을 주셨는데,
말씀, 기도, 성례를 주셨어요.

성례는 "거룩한 예식"이란 뜻으로, 세례와 성찬을 말해요.
세례와 성찬은 어린아이처럼 연약한 ♡♡와 우리를 위해서 하나님께서 주셨어요.
갓난아기는 엄마가 안 보이면 울면서 엄마를 찾지요?
그래서 "눈에 보이는 말씀"으로 우리에게 세례와 성찬을 주셨어요.

함께 따라해 볼까요?

"세례와 성찬을 통해 / 우리가 하나님의 자녀이며 / 예수님이 우리와 한 몸이심을 기억해요."

♡♡도 유아세례를 통해 믿음으로 하나님의 자녀가 되었음을 고백했어요.
아빠, 엄마도 세례를 통해 믿음으로 하나님의 자녀가 되었음을 고백했어요.
이런 세례 의식은 쇠창살로 붙잡은 고기가 꼼짝없이 어부의 것이 되듯이,
우리가 꼼짝없이 하나님의 자녀가 되었음을 말해요.

예수님이 제자들과 떡과 포도주를 먹고 마셨듯이
우리도 떡과 포도주를 함께 먹고 마시며
예수님과 한 몸이 되었음을 경험하며 고백해요.
이것이 성찬이에요.

다시 한 번 따라해 볼까요?

"세례와 성찬을 통해 / 우리가 하나님의 자녀이며 / 예수님이 우리와 한 몸이심을 기억해요."

소요리문답

91문: 성례가 어떻게 효력 있는 구원의 방도가 됩니까?

답: 성례가 효력 있는 구원의 방도가 되는 것은 성례 자체에나 성례를 행하는 사람에게 어떤 덕이 있어서가 아니고, 오직 그리스도의 복 주심과 믿음으로 성례를 받는 사람 속에서 그리스도의 성령께서 일하심으로 됩니다.

마침기도

믿음으로 ♡♡가 입교할 때 하나님의 큰 은혜를 누리게 도와주세요. 믿음으로 성찬에 참여할 때 예수님의 위로가 우리 가족 가운데 넘치게 인도해 주세요.

chapter 92

눈에 보이는 의식,
성례를 하는 이유는 무엇인가요?

- **마음열기** 우리 집에 있는 초록색 물건을 찾아보아요.

- **기도** 예배를 드리며 ♡♡와 우리 가족의 믿음이 쑥쑥 크게 해주셔서 너무 감사드려요. 오늘도 말씀 안에서 쑥쑥 크길 기도드려요.

- **찬송** 찬송가 446장

- **말씀** 누구든지 그리스도와 합하여 세례를 받은 자는 그리스도로 옷 입었느니라
  갈 3:27

♡♡는 백 일 사진을 갖고 있나요?
엄마, 아빠가 ♡♡의 사랑스럽던 아기 때의 모습을 기억하기 위해서
백 일 사진도, 돌 사진도 찍어 주었을 거예요.
엄마, 아빠에게 ♡♡는 언제나 사랑스러운 아기이기 때문이에요.

하나님 눈에도 우리는 사랑스러운 아기와 같아요.
하나님의 아들 예수님이 몸소 십자가에 돌아가심으로
죗값을 치르고 우리를 구속하셨기 때문이에요.
죄투성이였던 우리가 예수님을 믿음으로 고백하며
하나님의 품에 안기면 하나님이 얼마나 기뻐하실까요?
이런 고백과 함께 기념하는 것이 세례예요.

함께 따라해 볼까요?

"성례를 하는 이유는 / 우리의 믿음의 고백이고 / 하나님이 우리를 자녀 삼아 주셨다는 표시예요."

하나님은 예수님을 통해서 성례를 허락해 주셨어요.
세례에 참여함으로 우리를 죄에서 구원하셨음을 고백해요.
성찬에 참여함으로 우리는 예수님과 한 몸임을 고백해요.
성례에 참여함으로 우리는 하나님의 자녀임을 확신해요.
이 확신 안에서 큰 은혜를 누려요.

♡♡와 우리 가정이 이 확신 안에 거할 때,
불안과 염려, 두려움에서 벗어나
하나님의 은혜 안에 있는 평안과 안정, 용기를 얻어요.

다시 한 번 따라해 볼까요?

"성례를 하는 이유는 / 우리의 믿음의 고백이고 / 하나님이 우리를 자녀 삼아 주셨다는 표시예요."

소요리문답

92문: 성례가 무엇입니까?

답: 성례는 그리스도께서 세우신 거룩한 예식이고, 이 예식 가운데 그리스도와 새 언약의 유익이 눈에 보이는 표로서 믿는 사람에게 표시되고 인쳐지며 적용됩니다.

마침기도

우리를 향한 사랑의 표시로 세례와 성찬을 주셔서 감사드려요. 성례를 행할 때마다 주님의 큰 사랑을 느끼며 누리게 인도해 주세요.

chapter 93

성례는 세례와 성찬
두 가지만 있나요?

- **마음열기** ♡♡가 예배 때 가장 좋아하는 시간은 언제인가요? 그 이유는 뭔가요?

- **기도** 예수님이 ♡♡와 우리 가족의 주님이신 것이 너무 좋고 감사해요. 우리 가족이 매일 밥 먹을 때에도 예수님이 함께하는 성찬식이 되게 해주세요.

- **찬송** 찬송가 449장

- **말씀** 그러므로 너희는 가서 모든 족속으로 제자를 삼아 아버지와 아들과 성령의 이름으로 세례를 주고 마 28:19

예수님이 오시기 전인 구약 시대에도 성례가 있었어요.
바로 할례와 유월절이에요.
하나, 할례는 태어난 지 8일 된 남자아이의 포피를 잘라내는 것으로
하나님 백성의 표시였어요.
둘, 유월절은 이집트의 노예로 있던 이스라엘 백성을
구원해 주신 것을 기념하는 날이에요.

그러나 이러한 할례와 유월절은
예수님이 오심으로 더 이상 드리지 않게 되었어요.

함께 따라해 볼까요?

"예수님이 오신 이후의 성례는 / 세례와 성찬 두 가지예요."

예수님이 오신 이후인 신약 시대에는 성례가 새로워졌어요.
세례와 성찬 두 가지로요.

하나, 성찬은 예수님의 죽으심을 통해 우리가 구원받았음을 고백하는 예식이에요.
둘, 세례는 옛 사람은 죽고 새 사람이 되었음을 나타내는 예식이에요.
이러한 세례와 성찬은 지금까지도 지켜지는 거룩한 예식이에요.

몸에 새기는 예식인 할례가 아닌,
믿음의 고백으로 새 사람이 되는 세례로 바뀌었어요.
동물의 피로 끊임없이 드리던 유월절 제사가 아닌,
어린양 예수님의 죽으심을 믿음으로 받아들이는 성찬으로 바뀌었어요.

♡♡와 우리 가족 모두 성찬과 세례를 통해 예수님 안에서 큰 은혜를 누려요.

다시 한 번 따라해 볼까요?

"예수님이 오신 이후의 성례는 / 세례와 성찬 두 가지예요."

소요리문답

93문: 신약의 성례가 어느 것입니까?
　　답: 신약의 성례는 세례와 성찬입니다.

마침기도

♡♡와 우리 가족을 어린양 예수 그리스도의 피로 죄에서 구원하시고 하나님의 자녀로 삼아 주셔서 감사드려요. 성찬과 세례는 예수 그리스도의 피로 세워진 소중한 예식임을 알고, 믿음 가운데 은혜로 참여할 수 있도록 도와주세요.

chapter 94

세례는
무엇인가요?

- **마음열기** 손을 맞잡은 다음에 엄지손가락 씨름을 해보아요. 이긴 사람에게 뽀뽀를 해주어요.

- **기도** ♡♡와 우리 가족이 구약 시대에 태어났다면 할례도 행하고 양도 잡아야 했겠지요? 성령님 안에서 예수님을 만나게 해주셔서 감사해요. 오늘도 예수님과 함께하길 기도해요.

- **찬송** 찬송가 453장

- **말씀** 우리가 유대인이나 헬라인이나 종이나 자유자나 다 한 성령으로 세례를 받아 한 몸이 되었고 또 다 한 성령을 마시게 하셨느니라 고전 12:13

♡♡는 어떨 때 물을 사용하나요?
세수하거나 손을 씻을 때 사용해요.
설거지를 할 때도 사용해요.
옷을 빨 때도 사용해요.
물은 무언가를 깨끗하게 할 때 꼭 필요해요.

성경에도 물은 다양하게 사용되었어요.
목마른 사람에게 주는 생명수로 표현되었어요.
새롭게 한다는 의미로도 사용되었고요.
무엇보다, 깨끗하게 하는 의미로 사용되었어요.

함께 따라해 볼까요?

"세례는 우리를 물로 씻음같이 / 우리 죄가 깨끗이 씻어져 / 예수님과 연합하는 것이에요."

세례는 3가지 의미가 있어요.

하나, 물로 더러운 것을 씻어 내듯이 ♡♡와 우리의 죄가 깨끗하게 용서받음을 뜻해요.

둘, 새롭게 되어 예수님과 함께하는 새로운 삶이 시작되었음을 뜻해요.

셋, 예수님과의 연합으로 새로운 언약 안에서 복을 누리게 될 것을 뜻해요.

세례는 교회의 한 지체, 한 몸으로 인정되는 예식이에요.

예수님처럼 성화되어 가는 첫걸음이에요.

다시 한 번 따라해 볼까요?

"세례는 우리를 물로 씻음같이 / 우리 죄가 깨끗이 씻어져 / 예수님과 연합하는 것이에요."

소요리문답

94문: 세례가 무엇입니까?

답: 세례는 성부와 성자와 성령의 이름 안으로 연합시키는 물로 씻는 성례입니다. 세례는 우리가 그리스도에게 접붙여짐과 은혜 언약의 유익에 참여함과 주님의 것이 되기로 약속함을 표시하고 인칩니다.

마침기도

♡♡와 우리 가족이 예수님과 연합되도록 인도해 주셔서 감사드려요. ♡♡와 우리 가족과 교회가 예수님과의 연합 안에서 항상 기쁨과 위로를 받게 해 주세요.

chapter 95

세례는
누가 받나요?

- **마음열기** 마음에 드는 꽃을 그려 보고, 그린 꽃과 함께 가족사진을 찍어 보아요.

- **기도** 화분의 꽃이 무럭무럭 자라서 기분이 좋아요. 우리 안에 믿음을 주신 하나님께서 ♡♡와 우리 가족의 믿음도 쑥쑥 키워 주세요.

- **찬송** 찬송가 455장

- **말씀** 또 회당장 그리스보가 온 집으로 더불어 주를 믿으며 수다한 고린도 사람도 듣고 믿어 세례를 받더라 _{행 18:8}

♡♡는 할머니, 할아버지가 ♡♡를 엄청 사랑한다는 걸 알고 있지요?
♡♡를 보면 환한 웃음으로 맞이해 주세요.
맛있는 것도 해주시고, 이쁘다고 말로도 표현해 주세요.
누가 ♡♡를 사랑하는지 ♡♡는 알 수 있어요.

그렇다면, 누가 하나님을 사랑하는지도 알 수 있을까요?
하나님을 사랑하는 사람들은
하나님을 바라보는 눈빛이 반짝거리고 미소가 사라지지 않아요.
감사와 찬양이 넘쳐요.
말씀에 순종하겠다는 의지가 있어요.
이것이 신앙고백이에요.

함께 따라해 볼까요?

"세례를 받는 사람은 / 예수님을 믿고 말씀에 순종하겠다는 / 진실된 고백이 있는 사람들과
그들의 자녀예요."

신앙고백은 진실해야 해요.
진실한 신앙고백을 한 사람은 예수님 말씀에 순종하려고 애써요.
순종하려고 노력하면서 예수님을 닮아가요.
이런 진실된 고백을 하는 사람에게 세례를 베풀어요.

♡♡는 아주 어렸을 때 유아세례를 받았어요.
세례를 받은 엄마, 아빠에게 하나님이 ♡♡를 맡겨 주셨어요.
신앙으로 잘 키우겠다는 엄마, 아빠의 고백 안에서 ♡♡도 유아세례를 받았어요.

나중에 커서 ♡♡도 진실된 마음의 고백으로 입교하여
예수님을 닮은 사람으로 자라 가길 축복해요.

다시 한 번 따라해 볼까요?

"세례를 받는 사람은 / 예수님을 믿고 말씀에 순종하겠다는 / 진실된 고백이 있는 사람들과 그들의 자녀예요."

소요리문답

95문: 세례는 어떤 사람에게 베풉니까?

  답: 세례는 보이는 교회 밖에 있는 사람에게 베풀지 않고, 누구든지 그리스도를 믿고 주님께 순종하겠다고 고백할 때에 비로소 베풀며, 보이는 교회의 회원의 유아들이 받습니다.

마침기도

날마다 하나님께 고백하고 싶어요. 하나님을 얼마나 사랑하는지, 하나님께 얼마나 감사한지 날마다 고백하는 ♡♡와 우리 가족 되길 원해요.

chapter 96

주님의 성찬이
무엇인가요?

ᨈ **마음열기** 엄마가 해주셨던 음식 중에 ♡♡가 가장 맛있었던 음식은 무엇인가요?

ᨈ **기도** 예수님과 함께함으로 몸과 마음이 깨끗해지는 오늘 하루 되길 원해요. 예수님, 우리 가운데 찾아오셔서 은혜 내려 주세요.

ᨈ **찬송** 찬송가 456장

ᨈ **말씀** 또 떡을 가져 사례하시고 떼어 저희에게 주시며 가라사대 이것은 너희를 위하여 주는 내 몸이라 너희가 이를 행하여 나를 기념하라 하시고 저녁 먹은 후에 잔도 이와 같이 하여 가라사대 이 잔은 내 피로 세우는 새 언약이니 곧 너희를 위하여 붓는 것이라 눅 22:19-20

♡♡는 성찬이 무엇인지 아나요?
성찬은 "거룩한 만찬"이라는 뜻이에요.
예수님은 십자가에 돌아가시기 전에 제자들과 함께 빵과 포도주를 드셨어요.
그리고 제자들에게 이 만찬을 기억하며 행하라고 하셨어요.
그 이후로 지금까지 행해지고 있는 것이 성찬이에요.

구약 시대 이스라엘 백성은 이집트에서 급하게 탈출하면서
어린 양의 고기, 무교병, 쓴 나물을 포도주와 함께 먹었어요.
출애굽의 구원을 기념하면서 유월절을 지키며 이런 것들을 먹었지요.
하지만 예수님이 오신 이후에는 유월절이 아니라 성찬을 지키게 되었어요.
완전한 구원이 우리와 함께하기 때문이에요.

함께 따라해 볼까요?

"성찬은 떡과 포도주를 먹으며 / 예수님과 연합하는 거예요."

성찬식 때 쓰이는 빵은 예수님의 몸을 상징해요.
성찬식 때 쓰이는 포도주는 예수님의 피를 상징해요.
십자가에서 찢기시고 흘리신 예수님의 몸과 피,
성찬은 ♡♡와 우리 가족을 위해 죽으신 예수님께 감사하는 예식이에요.

믿음으로 성찬식에 참여함으로 예수님과 연합됨을 경험해요.
믿음으로 성찬식에 참여함으로 영적인 은혜를 누려요.
믿음으로 성찬식에 참여함으로 구원을 감사드리며 날마다 자라 가요.

다시 한 번 따라해 볼까요?

"성찬은 떡과 포도주를 먹으며 / 예수님과 연합하는 거예요."

소요리문답

96문: 주님의 성찬이 무엇입니까?

답: 주님의 성찬은 그리스도께서 정하신 대로 떡과 포도주를 주고 받음으로써 그의 죽으심을 나타내 보이는 성례입니다. 주님의 성찬을 합당하게 받는 사람은 물질적이고 육신적인 태도가 아니라 믿음으로 받고 그리스도의 몸과 피에 참여하여서 주님의 모든 유익을 받고, 신령한 양식을 먹고 은혜 안에서 장성합니다.

마침기도

♡♡와 우리 가족을 위해서 십자가의 고통을 감당하신 예수님, 예수님의 죽으심으로 ♡♡와 우리 가족을 살게 해주신 그 은혜에 너무 감사해요. 믿음 안에 날마다 자라가는 ♡♡와 우리 가족 되게 해주세요.

chapter 97

성찬의 떡과 잔은
어떻게 받아야 하나요?

- **마음열기** 다리에 있는 점을 찾아보아요. 가장 많은 점을 가진 사람에게 다리 마사지를 해주어요.

- **기도** 오늘도 예수님 덕분에 사는 하루예요. ♡♡와 우리 모두 다시 살아난 기쁨이 넘치는 하루 되게 인도해 주세요.

- **찬송** 찬송가 478장

- **말씀** 그러므로 누구든지 주의 떡이나 잔을 합당치 않게 먹고 마시는 자는 주의 몸과 피를 범하는 죄가 있느니라 고전 11:27

♡♡는 군대에 누가 가는지 아나요?
군대는 아무나 갈 수 없어요.
성인이 된 20살 이상의 신체 건강한 남자들이 갈 수 있지요.
그래서 군 입대 과정은 까다로워요. 신체검사도 받지요.

♡♡는 성찬에 누가 참여하는지 아나요?
성찬은 아무나 참여할 수 없어요.
세례교인이면서 마음에 거리낌이 없는 사람만이 참여할 수 있지요.
예수님을 믿는 분명한 신앙고백이 있어야 해요.

함께 따라해 볼까요?

"성찬은 / 분명한 신앙고백이 있는 사람이 / 참여해야 해요."

유아세례를 받은 ♡♡도 참여할 수 있을까요?
아쉽지만 엄마, 아빠의 고백이 아닌 ♡♡의 고백이 있어야 해요.

그래서 ♡♡가 15살 정도 되어서 자신의 입으로 신앙을 고백하며 입교한 후에야
성찬에 참여할 수 있어요.
그때까지 예쁘게 믿음을 잘 키워 가요.

성찬에 참여하는 사람은 먼저 자신을 살펴야 해요.
마음에 회개하지 못한 죄가 있다면 회개하고 참여해야 해요.
준비된 마음으로 성찬에 참여할 때 성찬으로 인한 큰 기쁨과 은혜를 누릴 수 있어요.

다시 한 번 따라해 볼까요?

"성찬은 / 분명한 신앙고백이 있는 사람이 / 참여해야 해요."

소요리문답

97문: 주님의 성찬을 합당하게 받으려면 어떻게 하여야 합니까?

  답: 주님의 성찬에 합당하게 참여하려는 사람은 주님의 몸을 분별하는 지식이 있는지, 주님을 양식으로 삼는 믿음이 있는지, 회개와 사랑과 새로운 순종이 있는지 스스로 살펴야 합니다. 그렇지 아니하면 합당치 않게 나아옴으로 자기에게 임할 심판을 먹고 마시게 됩니다.

마침기도

♡♡가 믿음 안에서 잘 자라도록 이끌어 주세요. 늘 예수님과 동행하는 ♡♡로 크도록 함께해 주세요. 그래서 나중에 ♡♡의 입술로 믿음을 고백하여 성찬에 함께 참여하는 기쁨을 누리게 해주세요.

chapter 98

기도는
어떻게 해야 하나요?

- **마음열기** 도화지 위에 손바닥을 펼쳐놓고 손 그림을 그려요. 손가락을 여러 가지 색으로 색칠해 보아요.

- **기도** ♡♡의 귀를 열어 주세요. 하나님 말씀을 듣고 싶어요. ♡♡의 입을 열어 주세요. 하나님께 찬송하고 기도하고 싶어요.

- **찬송** 찬송가 488장

- **말씀** 그날에는 너희가 아무것도 내게 묻지 아니하리라 내가 진실로 진실로 너희에게 이르노니 너희가 무엇이든지 아버지께 구하는 것을 내 이름으로 주시리라 요 16:23

아주 큰 나라의 왕과 왕비에게 너무도 귀한 왕자와 공주가 있어요.
왕자와 공주는 원하는 것을 왕과 왕비에게 이야기하면
왕과 왕비의 뜻에 맞는 것은 무엇이든 얻을 수 있어요.

♡♡는 온 세상의 주인이신 하나님의 자녀예요.
하나님은 언제든지 사랑하는 자녀인 ♡♡의 말을 듣기를 기뻐하세요.
그리고 무엇이든 하나님이 기뻐하시는 ♡♡의 요구를 들어주세요.

함께 따라해 볼까요?

"기도는 하나님께 나아가 / 죄를 고백하고, 감사하고, / 예수님의 이름으로 구하는 거예요."

아담이 죄를 짓기 전에는 하나님과 자유롭게 이야기를 나누었어요.
하지만 아담이 죄를 지은 이후에는 에덴동산에서 쫓겨났고,
죄로 인해서 하나님의 음성을 듣지 못하게 되었고 간구도 할 수 없게 되었어요.

하지만 예수님이 믿음 안에서 우리의 까만 죄를 흰 눈보다 더 희게 만들어 주셨어요.
예수님 때문에 우리는 마음껏 하나님 앞에 나아가 기도할 수 있어요.
그래서 기도의 마지막에 "예수님의 이름으로 기도합니다."라고 해요.

하나님이 만드신 물고기, 새, 동물들은 기도하지 못해요.
오직 사람만이 하나님께 나아가 기도하는 유일한 존재예요.

예수님의 이름으로 우리 죄를 회개하며 하나님께 나아가요.
예수님의 이름으로 하나님의 뜻에 맞는 것을 구할 수 있어요.
예수님의 이름으로 기도할 수 있는 특권을 주셔서 감사해요.

다시 한 번 따라해 볼까요?

"기도는 하나님께 나아가 / 죄를 고백하고, 감사하고, / 예수님의 이름으로 구하는 거예요."

소요리문답

98문: 기도가 무엇입니까?

답: 기도는 그리스도의 이름으로 우리의 소원을 하나님께 올리는 것인데, 그분의 뜻에 맞는 것을 구하고, 우리의 죄를 고백하고 그분의 자비하심을 깨달아서 감사하는 것입니다.

마침기도

♡♡와 우리 가족 모두 예수님 때문에 하나님께 나아갈 수 있어서 기뻐요. 자유롭게 간구할 수 있는 특권을 주셔서 감사해요. 하나님의 뜻대로 하나님 나라를 위해 기도하는 ♡♡와 우리 가족 되게 인도해 주세요.

chapter 99

어떤 내용으로
기도해야 하나요?

🌙 **마음열기** 주기도문을 따라 읽어 보아요.

🌙 **기도** ♡♡의 입을 열어 마음속 깊은 죄를 회개합니다. 용서해 주세요. 하나님이 기
뻐하시는 기도를 하고 싶어요. 알려 주세요.

🌙 **찬송** 찬송가 490장

🌙 **말씀** 사람이 귀를 돌이키고 율법을 듣지 아니하면 그의 기도도 가증하니라 _{잠 28:9}

좋은 왕은 자기 아들을 망나니로 기르지 않아요.
자기 욕심대로 살기보다 백성을 위할 줄 아는 자녀가 되길 원하지요.
큰 사람으로 키우기 위해 지도하며 가르치지요.

하나님은 온 세상을 창조하신 선한 왕이세요.
거룩하고 사랑이 많으시고 공의로우신 왕이시지요.
우리는 하나님의 자녀로 기도의 특권을 가졌지만,
내 뜻대로 구하지 않고 하나님의 뜻대로 구해야 해요.
예수님은 우리에게 "주기도문"을 주시면서 이렇게 기도하라고 하셨어요.

함께 따라해 볼까요?

"우리는 예수님이 가르쳐 주신 / '주기도문'을 본 삼아 기도해야 해요."

♡♡는 주기도문을 외우고 있지요?
바로 그 주기도문이 예수님께서 친히 가르쳐 주신 기도예요.

예수님 당시에 사람들은 잘못된 방법으로 기도했어요.
많은 사람이 보는 앞에서 형식적으로 기도하기도 했고요.
자기 신앙을 자랑하기 위해 기도하기도 했지요.
이런 모습을 보시고 예수님은 바른 기도를 가르쳐 주셨어요.

기도는 우리 욕심대로 하는 것이 아니에요.
나의 신앙을 자랑하기 위해서 하는 것도 아니고요.
예수님이 가르쳐 주신 모범대로 기도하는 ♡♡와 우리 가족이 되어요.

다시 한 번 따라해 볼까요?

"우리는 예수님이 가르쳐 주신 / '주기도문'을 본 삼아 기도해야 해요."

소요리문답

99문: 우리의 기도를 지도하시려고 하나님께서 우리에게 주신 법칙은 무엇입니까?
답: 하나님의 모든 말씀이 우리의 기도를 지도하기에 유용합니다. 다만 특별한 법칙은 그리스도께서 제자들에게 가르쳐 주신 기도, 곧 일반적으로 '주님께서 가르치신 기도'라 부르는 것입니다.

마침기도

♡♡와 우리 가족이 기도할 때 혹시 신앙 자랑을 위해서, 혹은 욕심을 위해서 했다면 용서해 주세요. 주기도문을 ♡♡와 우리 가족에게 주셔서 감사해요. 하나님이 기뻐하시는 기도를 하기 원해요.

chapter 100

"하늘에 계신 우리 아버지"는 어떤 의미인가요?

- **마음열기** 우리 가족의 배꼽이 어떻게 생겼는지 다 같이 살펴보아요. 배꼽이 왜 생겼는지 이야기 나누어 보아요.

- **기도** 엄마, 아빠 말씀 안 듣고 내 마음대로 하려 했던 것들을 회개해요. 용서해 주세요. 앞으로 부모님과 하나님께 기쁨이 되는 ♡♡로 자라 가도록 이끌어 주세요.

- **찬송** 찬송가 496장

- **말씀** 너희는 다시 무서워하는 종의 영을 받지 아니하였고 양자(養子)의 영을 받았으므로 아바 아버지라 부르짖느니라 롬 8:15

♡♡는 엄마, 아빠와 이야기를 아주 잘 하지요?
오늘 ♡♡에게 있었던 일들을 이야기하면,
엄마, 아빠는 '우리 ♡♡가 잘 지냈구나', 또는 '오늘 힘들었구나'
라는 사실을 알고 ♡♡를 위해 기도해요.
엄마, 아빠는 ♡♡와 대화하는 것이 늘 기뻐요.

하나님은 온 세상의 창조주세요. 거룩하고 흠이 없으신 분이지요.
이런 하나님이 우리와 대화하기를 기뻐하세요.
그래서 예수님을 통해 "주기도문"이라는 바른 기도를 가르쳐 주셨어요.

함께 따라해 볼까요?

"'하늘에 계신 우리 아버지'라는 말은 / 능력이 크시고 거룩하신 창조주가 / 우리 아버지가 되신다는 말이에요."

주기도문에서 "하늘에 계신"이라는 말씀은

거룩하시고 능력이 많으시며 사람 위에 계신 창조주라는 말씀이에요.
구원에 이르는 능력과 거룩에 이르는 힘은 오직 하나님에게서 나온다는 뜻이지요.

주기도문에서 하나님을 "아버지"라고 표현하고 있어요.
성경을 베껴 썼던 서기관들은 하나님의 이름이 나오면
목욕을 하고 와서 쓸 정도로 하나님의 이름을 사용하길 무서워했어요.
그러나 예수님은 하나님을 "우리 아버지"라고 부르도록 허락해 주셨어요.

하나님은 ♡♡의 아빠 아버지 되세요.
♡♡의 모든 것을 아시는 하나님 아버지께
♡♡의 모든 것을 이야기할 수 있어요.

다시 한 번 따라해 볼까요?

"'하늘에 계신 우리 아버지'라는 말은 / 능력이 크시고 거룩하신 창조주가 / 우리 아버지가
되신다는 말이에요."

소요리문답

100문: 주님께서 가르치신 기도의 머리말이 우리에게 가르치는 것은 무엇입니까?

답: "하늘에 계신 우리 아버지"라는 기도의 머리말은, 자녀들이 아버지에게 나아
가듯이 우리로 하여금 모든 거룩한 공경심과 확신을 가지고 도와줄 능력과 마
음이 있는 하나님께 나아갈 것을 가르칩니다. 또한 우리가 다른 사람과 함께
기도하고 다른 사람을 위하여 기도할 것을 가르칩니다.

마침기도

하나님 아버지, ♡♡와 우리 가족의 좋으신 아버지가 되어 주셔서 감사드려
요. 온 세상을 만드신 창조주 하나님의 힘과 능력으로 구원에 이르게 해주셔
서 아주 많이 감사드려요.

chapter 101

주기도문 첫 번째 간구는
무엇인가요?

- **마음열기** ♡♡가 억울했던 때는 언제였나요? 그럴 때 엄마, 아빠가 어떻게 해주면 좋을까요?

- **기도** 오늘 하루 귀로 듣는 것과 입으로 말하는 것과 눈으로 보는 모든 것이 주님의 기쁨이 되길 원해요. 도와주세요.

- **찬송** 찬송가 502장

- **말씀** 우리 주 하나님이여 영광과 존귀와 능력을 받으시는 것이 합당하오니 주께서 만물을 지으신지라 만물이 주의 뜻대로 있었고 또 지으심을 받았나이다 하더라 계 4:11

♡♡가 대통령의 손주였다면 어땠을 것 같아요?
할아버지 덕에 좋은 것들도 많겠지만,
할아버지 이름에 해가 되지 않게 조심해서 행동해야 할 것들도 많을 거예요.
♡♡ 마음대로 하면서 할아버지 이름에 먹칠을 해서도 안 되고,
할아버지 덕분에 한 일들을 ♡♡가 한 일인 양 자랑해도 안 되겠지요?

하나님의 이름도 마찬가지예요.
하나님의 이름은 대통령과는 비교도 안 될 정도로
존귀하고 능력 있고 두려운 이름이에요.
온 만물이 하나님 없이는 존재할 수 없을 정도예요.

함께 따라해 볼까요?

"주기도문의 첫 번째 간구는 / 하나님의 이름이 거룩하게 여김을 / 받게 해달라는 거예요."

예수님께서도 주기도문을 가르쳐 주시면서
첫 번째로 하나님의 이름이 거룩하게 여김 받기를 구하라고 하셨어요.

원래 하나님은 거룩하신 분이에요.
그런데 우리는 죄의 성향을 아직 가지고 있어요.
그래서 모든 일에 하나님께 영광을 드리고 찬양하기보다
우리 자신을 높이려고 할 때가 많아요.

우리는 모든 일을 이루게 하신 이가 하나님이심을 인정하고
모든 일을 이루게 하신 하나님께 영광을 돌려야 해요.
이것이 하나님의 이름이 거룩하게 여김을 받게 하는 것이에요.

다시 한 번 따라해 볼까요?

"주기도문의 첫 번째 간구는 / 하나님의 이름이 거룩하게 여김을 / 받게 해달라는 거예요."

소요리문답

101문: 첫째 간구로 우리는 무엇을 구합니까?

답: "이름이 거룩히 여김을 받으시옵소서."라는 첫째 간구로 우리는 하나님께서 자기를 알리시는 모든 일에서 우리와 다른 사람으로 하여금 하나님을 영화롭게 하도록 하시고, 하나님께서 모든 것을 자기의 영광만을 위하여 친히 처리하여 주시기를 구합니다.

마침기도

하나님 아버지의 이름이 항상 높임 받기 원해요. 모든 일에 감사함으로 하나님께 영광 돌리는 ♡♡와 우리 가정 되게 인도해 주세요.

chapter 102

"나라이 임하옵소서"는
어떤 의미인가요?

⤶ **마음열기** 몸짓으로 동물을 흉내 내며 알아맞히기 놀이를 해보아요.

⤶ **기도** 하나님께 선물을 많이 받았어요. 맛난 음식, 깨끗한 공기, 소중한 가족과 친구
들을요. 정말 감사드려요.

⤶ **찬송** 찬송가 505장

⤶ **말씀** 평강의 하나님께서 속히 사단을 너희 발아래서 상하게 하시리라 우리 주 예
수의 은혜가 너희에게 있을지어다 롬 16:20

옛날에는 나라에서 가장 중요한 사람이 왕이었어요.
왕이 힘이 세고 통치를 잘하면 그 나라는 강한 나라였지요.
왕이 힘이 약하고 자기 욕심만 차리면 그 나라는 곧 망했어요.

하나님 나라의 왕은 하나님이에요.
주기도문에서 두 번째로 구한 "나라이 임하옵소서"는
하나님의 통치가 임하게 해달라는 기도예요.
예수님을 영접하고 주인으로 모신 자는 하나님 나라의 백성이에요.
하나님은 하나님의 백성을 은혜와 진리로 통치하세요.

함께 따라해 볼까요?

"'나라이 임하옵소서'는 / 하나님의 통치가 임하게 해달라는 / 기도예요."

지금도 이 세상의 공중 권세 잡은 자가 우리를 유혹하고 있어요.
하나님의 자녀를 빼앗으려고 거짓말로 유혹하고 있지요.

그러나 믿는 자를 향한 사탄의 노력은 결국 실패할 거예요.
하나님이 하나님의 자녀를 통치하고 계시기 때문이에요.

우리는 연약해서 유혹에 넘어지지 않도록 항상 말씀과 기도에 힘써야 해요.
우리가 연약하기 때문에 예수님은 "나라이 임하옵소서"라고 기도하라고 가르치셨어요.
우리는 연약하지만 예수님의 이름으로 기도할 때 하나님이 우리를 통치하세요.
그래야 연약한 우리가 마귀의 속임수에 빠지지 않아요.

늘 깨어 있어 하나님의 통치를 받는 ♡♡와 우리 가족이 되길 기도해요.

다시 한 번 따라해 볼까요?

"'나라이 임하옵소서'는 / 하나님의 통치가 임하게 해달라는 / 기도예요."

소요리문답

102문: 둘째 간구로 우리는 무엇을 구합니까?

　답: "나라이 임하옵소서."라는 둘째 간구로 우리는 사탄의 나라가 멸망하고, 은혜의 나라가 흥왕하여서 우리와 다른 사람들이 거기 들어가 지켜 주심을 받고, 영광의 나라가 속히 오게 하여 주시기를 구합니다.

마침기도

♡♡와 우리 가족에게 하나님의 나라가 임하기를 원해요. 혹시 마귀의 유혹에 넘어져 욕심 가운데 있다면 용서해 주시고, 오직 말씀의 통치를 받도록 구원해 주세요.

chapter 103

"뜻이 하늘에서 이룬 것같이 땅에서도 이루어지이다"는 어떤 의미인가요?

- **마음열기** 끝말잇기 게임을 해보아요. 시~작!

- **기도** ♡♡와 우리 가정에 하나님 나라가 임하길 원해요. 주님이 간섭하셔서 새로워지게 해주세요.

- **찬송** 찬송가 508장

- **말씀** 조금 나아가사 얼굴을 땅에 대시고 엎드려 기도하여 가라사대 내 아버지여 만일 할 만하시거든 이 잔을 내게서 지나가게 하옵소서 그러나 나의 원대로 마옵시고 아버지의 원대로 하옵소서 하시고 마 26:39

♡♡는 엄마, 아빠 사이가 좋으면 평안하고 행복하지요.
엄마, 아빠가 말다툼을 하면 불안하고 슬퍼져요.
싸움도 없고, 울음도 없고, 아픔도 없는 하나님의 나라가
우리 가정에 임하길 간절히 원하게 되어요.

주기도문에서 세 번째 구한 것은,
"뜻이 하늘에서 이룬 것같이 땅에서도 이루어지이다."예요.
하나님은 사랑과 공의로 우리를 다스리고 계세요.
하나님은 말씀으로 하나님의 나라와 뜻을 알려 주셨어요.

함께 따라해 볼까요?

"뜻이 하늘에서 이룬 것같이 / 땅에서도 이루어지이다'의 의미는 / 이 땅에서도 하나님의 사랑과 공의로 / 통치되길 바라는 거예요."

하나님은 하나님의 뜻을 성경을 통해 우리에게 말씀해 주셨어요.

하나님은 사랑과 공의로 우리를 통치하세요.
하나님의 가장 중요한 뜻은 영적으로 죽은 자를 살려 내는 거예요.

구원을 위한 하나님의 계획은 이미 예수님을 통해 이 땅에서 시작되었어요.
그리고 하나님의 계획대로 이 땅에서도 완전하게 이루어질 거예요.
하나님의 뜻은 실패가 없어요.
♡♡와 우리 가족도 말씀 안에 서서 하나님의 나라가 이 땅에 임하길 기도해요.

다시 한 번 따라해 볼까요?

"뜻이 하늘에서 이룬 것같이 / 땅에서도 이루어지이다'의 의미는 / 이 땅에서도 하나님의
사랑과 공의로 / 통치되길 바라는 거예요."

소요리문답

103문: 셋째 간구로 우리는 무엇을 구합니까?

답: "뜻이 하늘에서 이룬 것같이 땅에서도 이루어지이다."라는 셋째 간구로 우리
는 하나님께서 은혜를 베풀어 주셔서 우리로 하여금 기꺼운 마음으로, 하늘
에서 천사들이 하듯이, 모든 일에서 주님의 뜻을 알고 순종하고 열복(悅服)하
게 하여 주시기를 구합니다.

마침기도

하나님의 뜻 가운데 ♡♡와 우리 가족을 구원하여 주셔서 감사드려요. 하나
님의 뜻대로 우리 삶을, ♡♡와 우리 가족의 시간을 인도하여 주세요. 이 땅
에 하나님의 나라가 임하게 해주세요.

chapter 104

"오늘날 우리에게 일용할 양식을 주옵소서"는 어떤 의미인가요?

- **마음열기** 스무고개를 하며 직업 맞추기 활동을 해요.

- **기도** ♡♡와 우리 가족이 언제 어디서나 하나님의 말씀에 순종하게 해주세요. 하나님의 나라가 더 넓어지는 데 ♡♡와 우리 가족을 사용하여 주세요.

- **찬송** 찬송가 516장

- **말씀** 야곱이 서원하여 가로되 하나님이 나와 함께 계시사 내가 가는 이 길에서 나를 지키시고 먹을 양식과 입을 옷을 주사 창 28:20

이스라엘 백성이 하나님의 백성으로 부름 받은 것은 출애굽 사건을 통해서였어요.
이집트에서 허겁지겁 불려 나와 광야에 이르게 되었지요.
♡♡는 광야가 어떤 곳인지 아나요?
물도 없고 먹을 곳도 없는, 메마르고 광활한 곳이에요.
이런 곳에서는 누구도 오래 살 수가 없어요.
그러나 하나님은 이스라엘 백성을 부르시고 책임지셨어요.
매일매일 만나와 메추라기를 일용할 양식으로 보내 주셨어요.

주기도문에서 네 번째와 다섯 번째는 우리의 필요를 위한 간구예요.
그중 네 번째는 "일용할 양식"을 구하라는 말씀이에요.

함께 따라해 볼까요?

"'오늘날 우리에게 일용할 양식을 주옵소서'의 의미는 / 매일 필요한 양식을 구하라는 거예요."

이것은 필요한 만큼만 구하라는 거예요.
한 번에 많이 주면 좋겠다고 생각할 수 있지만
예수님은 매일의 필요만큼만 구하라고 가르쳐 주셨어요.

이것은 하나님께서 우리의 육신의 필요를 친히 채우심을 가르쳐 주세요.
우리 힘으로 얻는 것이 아니라, 하나님의 힘으로 얻게 해주심을 알려 주세요.
♡♡와 우리 가족의 매일의 양식뿐만 아니라
모든 필요를 친히 채워 주시는 분이 하나님이심을 잊지 말아요.

다시 한 번 따라해 볼까요?

"'오늘날 우리에게 일용할 양식을 주옵소서'의 의미는 / 매일 필요한 양식을 구하라는 거에
요."

소요리문답

104문: 넷째 간구로 우리는 무엇을 구합니까?

　　답: "오늘날 우리에게 일용할 양식을 주옵소서."라는 넷째 간구로 우리는 이생의
　　　좋은 것들 가운데서 충분한 분깃을 하나님의 값없이 주시는 선물로 받고, 그
　　　와 아울러 하나님의 복 주심 누리기를 구합니다.

마침기도

♡♡와 우리 가족의 일용할 양식과 필요를 구해요. 매일매일의 필요를 친히
채워 주시는 좋으신 하나님 아버지께 감사드려요.

---

chapter 105

"우리의 죄를 사하여 주옵소서"는 어떤 의미인가요?

- ↪ **마음열기** 가족에게 미안했던 일이 있다면 이야기하고, 서로 안아 주도록 해요.

- ↪ **기도** ♡♡가 키가 크고 지혜가 커 가며 하나님이 더욱 기뻐하시는 아이로 크길 원해요. ♡♡의 필요한 모든 부분을 아버지께서 채워 주셔서 감사드려요.

- ↪ **찬송** 찬송가 520장

- ↪ **말씀** 서로 인자하게 하며 불쌍히 여기며 서로 용서하기를 하나님이 그리스도 안에서 너희를 용서하심과 같이 하라 엡 4:32

죄에는 두 종류가 있어요. 원죄와 자범죄예요.
원죄는 태어날 때부터 가지고 있는 죄고요.
자범죄는 실제로 모든 사람에게 있는 죄의 성향을 말해요.
시기, 탐심, 원한, 말과 행동으로 나타나는 죄성이 모든 사람에게 있어요.

함께 따라해 볼까요?

"우리의 죄를 사하여 주옵소서'의 의미는 / 우리가 매일 짓는 죄를 / 용서해 달라는 말이에요."

그러면 이런 죄를 어떻게 해결할까요?
우리는 예수님을 믿는 믿음 때문에 의롭다 함을 받게 되었어요.
이처럼 원죄는 칭의로 해결되었어요.
모든 죄를 용서받았지만, 우리는 종종 나쁜 생각과 악한 말을 해요.
하지만 성령님께서 우리의 죄를 매일 깨닫게 하시고 회개할 수 있도록 인도해 주세요.
이처럼 자범죄는 성화로 해결할 수 있어요.

주기도문에서 다섯 번째 간구로 "죄를 용서해 달라"고 말씀하신 것은
우리가 종종 짓는 죄에 대해 고백하라는 말씀이에요.
일용할 양식을 매일매일 구하듯이,
매일매일 죄로 막혀 있는 하나님과의 관계가 뚫리길 간구하는 거예요.

죄는 하나님과 우리를 가로막는 장애물이에요.
관계 회복이 일어났다는 증거 중에 하나는 형제자매를 향한 용서와 관계 회복이에요.
주기도문은 "우리가 우리에게 죄지은 자를 사하여 준 것같이"라고 말씀해요.
하나님의 용서를 받았다면, 우리도 형제자매를 용서할 수 있어야 해요.

다시 한 번 따라해 볼까요?

"'우리의 죄를 사하여 주옵소서'의 의미는 / 우리가 매일 짓는 죄를 / 용서해 달라는 말이에요."

소요리문답

105문: 다섯째 간구로 우리는 무엇을 구합니까?
  답: "우리가 우리에게 죄지은 자를 사하여 준 것같이 우리의 죄를 사하여 주옵소서."라는 다섯째 간구로 우리는 하나님께서 그리스도를 보시고 우리의 모든 죄를 값없이 용서하여 주시기를 구합니다. 주님의 은혜로 말미암아 우리가 다른 사람들을 진심으로 용서할 수 있기 때문에 더욱 담대히 그렇게 구할 수 있습니다.

마침기도

♡♡와 우리 가족이 하나님과의 관계를 회복할 수 있도록 도와주세요. 일용할 양식만으로 만족하지 않게 하시고, 하나님과 관계를 더욱 소망할 수 있도록 도와주세요. 하나님의 용서가 우리 가정과 교회와 사회에서도 일어날 수 있도록 도와주세요.

chapter 106

"우리를 시험에 들지 말게 하옵시며 다만 악에서 구하옵소서"는 어떤 의미인가요?

- **마음열기** 눈싸움을 해보아요. 이긴 사람에게 안마를 해주어요.

- **기도** 예수님으로 인하여 하나님의 용서가 ♡♡와 우리 가정에 임하게 해주셔서 감사드려요. ♡♡와 우리 가족도 내게 잘못한 사람을 용서할 수 있도록 인도해 주세요.

- **찬송** 찬송가 524장

- **말씀** 시험에 들지 않게 깨어 있어 기도하라 마음에는 원이로되 육신이 약하도다 마 26:41

♡♡는 세상에서 가장 착하고, 똑똑하고, 지혜로웠던 최초의 사람이 누군지 아나요?
바로 아담이에요.
하지만 그 아담도 사단의 유혹에 넘어지고 말았어요.
그래서 이 세상에 원죄가 시작되었지요.

사단의 유혹에 흔들리지 않는 사람은 아무도 없어요.
구원받은 사람도 끊임없이 사단의 공격을 받지요.
그래서 구원받은 사람도 끊임없이 자신의 연약함을 인정하고 하나님 안에 거해야 해요.

함께 따라해 볼까요?

"'우리를 시험에 들지 말게 하옵시며 / 다만 악에서 구하옵소서'의 의미는 / 사단의 유혹에 넘어져서 / 죄를 짓지 않게 해달라는 기도예요."

♡♡는 예수님을 믿고 알게 될수록 더 알고 싶지 않나요?

우리는 우리의 연약함을 알수록 더욱 크신 하나님이 알고 싶어져요.
매 순간 우리의 연약함을 인정하고, 말씀과 기도로 하나님 곁에 꼭 붙어 있어야 해요.
우리의 연약함을 인정하지 않을 때 쉽게 유혹에 넘어져요.

주기도문에서 여섯 번째 간구인
"우리를 시험에 들지 말게 하옵시며 다만 악에서 구하옵소서"의 기도는
우리의 연약함을 인정하고 하나님의 도우심을 구하는 기도예요.
♡♡와 우리 가족은 이를 위해 매일 말씀을 읽고 기도하기로 다짐해요.

다시 한 번 따라해 볼까요?

"우리를 시험에 들지 말게 하옵시며 / 다만 악에서 구하옵소서'의 의미는 / 사단의 유혹에 넘어져서 / 죄를 짓지 않게 해달라는 기도예요."

소요리문답

106문: 여섯째 간구로 우리는 무엇을 구합니까?

　답: "우리를 시험에 들지 말게 하옵시며 다만 악에서 구하옵소서."라는 여섯째 간구로 우리는 하나님께서 우리를 지켜 주셔서 우리가 죄에 이르는 시험을 당하지 않게 하시고, 시험을 당할 때에는 우리를 붙드시고 구원하여 주시기를 구합니다.

마침기도

♡♡와 우리 가족은 연약해요. 사단이 우리의 연약함을 이용해 시험할 때 넘어지지 않도록 도와주세요. 항상 하나님의 말씀을 듣고 기도함으로 인도함 받길 원합니다.

chapter 107

기도의 맺음말은
무엇인가요?

- 🌙 **마음열기** 지금까지 가정예배를 드리면서 가장 감사했던 것을 나누어 보아요.

- 🌙 **기도** 소요리문답을 통해서 하나님과 동행하게 해주셔서 감사드려요. ♡♡와 우리 가족의 믿음의 골격이 단단해져서 흔들림 없는 믿음 위에 서 있도록 도와주셔서 감사드려요.

- 🌙 **찬송** 찬송가 545장

- 🌙 **말씀** 만세의 왕 곧 썩지 아니하고 보이지 아니하고 홀로 하나이신 하나님께 존귀와 영광이 세세토록 있을지이다 아멘 딤전 1:17

예수님이 가르쳐 주신 주기도문은
머리말, 여섯 개의 간구, 맺음말로 이루어져 있어요.
맺음말은 "대개 나라와 권세와 영광이 아버지께 영원히 있사옵나이다. 아멘."이에요.

'나라'가 하나님께 있다는 것은,
하나님이 세상 모든 나라를 다스리신다는 뜻이에요.
'권세'가 하나님께 있다는 것은,
하나님이 힘이 세셔서 누구도 하나님을 방해할 수 없다는 뜻이에요.
'영광'이 하나님께 있다는 것은,
하나님이 가장 중요하시고 높으시다는 뜻이에요.

함께 따라해 볼까요?

"주기도문의 맺음말은 / 우리의 간구를 들어주실 능력이 / 하나님께 있음을 고백하고 있어요."

하나님은 능력이 많으세요. 모든 것을 하실 수 있으시지요.
하지만 하나님은 공의로우셔서 거짓말은 하실 수 없으세요.
하나님은 사랑이 많으시기에 증오하지 않으세요.

마지막 단어 '아멘'은 '반드시 말한 그대로 될 것이다'라는 뜻이에요.
예수님이 가르쳐 주신 기도문대로 이루어질 것을 믿음으로 받아들인다는 뜻이에요.
♡♡와 우리 가족 모두 예수님이 가르쳐 주신 대로 기도하며
반드시 그렇게 될 것을 믿고 고백해요.

다시 한 번 따라해 볼까요?

"주기도문의 맺음말은 / 우리의 간구를 들어주실 능력이 / 하나님께 있음을 고백하고 있어요."

소요리문답

107문: 주님께서 가르치신 기도의 맺음말은 우리에게 무엇을 가르칩니까?

    답: "대개 나라와 권세와 영광이 아버지께 영원히 있사옵나이다. 아멘."이라는 주님께서 가르치신 기도의 맺음말은 우리로 하여금 기도할 담력을 오직 하나님께로부터 얻고, 나라와 권세와 영광을 하나님께 돌림으로써 기도할 때에 하나님을 찬송할 것을 가르칩니다. 우리의 기도를 들어주시리라는 소원과 확신의 표시로 우리는 "아멘"이라고 합니다.

마침기도

주기도문을 가르쳐 주셔서 감사드려요. 가르쳐 주신 대로 기도하며 믿음의 고백을 하는 ♡♡와 우리 가족이 되게 인도해 주세요.

memo

memo

memo